KNAUR

Von Bernhard Moestl sind bereits folgende Titel erschienen:
Shaolin – Du musst nicht kämpfen, um zu siegen!
Die Kunst, einen Drachen zu reiten
Lächeln ist die beste Antwort
Das Shaolin-Buch für Eltern
Die 13 Siegel der Macht
Der Weg des Tigers
Das Shaolin-Prinzip

Über den Autor:
Bernhard Moestl, geboren 1970 in Wien, ist Vortragsredner und Business-Coach mit den Schwerpunkten Bewusstsein und Führung. Er ist Autor erfolgreicher Sachbücher, in denen er die Erfahrungen zugänglich macht, die er bei Aufenthalten in Asien gesammelt hat, wo er u. a. im Shaolin-Kloster die Kampfkunst der Mönche erlernt hat. Diese Erkenntnisse nutzt er für seine Bücher und Seminare.

BERNHARD MOESTL

DENKEN
wie ein
SHAOLIN

Die sieben Prinzipien
emotionaler Selbstbestimmung

Besuchen Sie uns im Internet:
www.droemer-knaur.de

Vollständige Taschenbuchausgabe November 2017
Knaur Taschenbuch
© 2016 Knaur Verlag
Maria-Luiko-Straße 54, 80636 München
Ein Imprint der Verlagsgruppe
Droemer Knaur GmbH & Co. KG
Alle Rechte vorbehalten. Das Werk darf – auch teilweise – nur mit
Genehmigung des Verlags wiedergegeben werden.
Die Nutzung unserer Werke für Text- und Data-Mining
im Sinne von § 44 b UrhG behalten wir uns explizit vor.
Covergestaltung: ZERO Werbeagentur, München
Coverabbildung: FinePic®, München/shutterstock
Satz und Layout: Veronika Preisler
Druck und Bindung: C. H. Beck, Nördlingen
ISBN 978-3-426-78864-6

8 10 11 9 7

Für Irene,

die mich gelehrt hat,
Wichtiges von Unwichtigem
zu unterscheiden

Inhalt

Einleitung
Wie dieses Buch funktioniert, und wie Sie daraus
den größten Nutzen ziehen 11

1 Das Prinzip der Ausgeglichenheit 19
Lerne zu verhindern, dass dein Gegner dich
mit deiner eigenen Kraft besiegt

2 Das Prinzip der Abgrenzung 43
Lerne, deine Handlungen von denen deiner
Gegner zu trennen

3 Das Prinzip der Erwartungslosigkeit 67
Lerne, dein Tun von Erwartungen zu befreien

4 Das Prinzip des Nicht-Tuns 89
Lerne, dass Nicht-Tun Angriff und
Verteidigung in einem ist

5 Das Prinzip der Standhaftigkeit 115
Lerne, ausschließlich nach deinen
Überzeugungen zu handeln

6 Das Prinzip der Gegenwehr 139
Lerne, Kämpfe zu beenden, bevor sie
begonnen haben

7 Das Prinzip der Selbstbeherrschung 165
Lerne, deine Gefühle nur selbst zu
kontrollieren

Epilog 187

Danksagung
Wem ich danke sagen möchte 189

Wenn du es verstehst,
sind die Dinge so,
wie sie sind.

Wenn du es nicht verstehst,
sind die Dinge so,
wie sie sind.

(Aus China)

Einleitung

Wahrhaft siegt, wer nicht kämpft.
(Sunzi)

Wie dieses Buch funktioniert, und wie Sie daraus den größten Nutzen ziehen

Herzlich willkommen. Schön, dass Sie da sind. Schön auch, dass Sie lernen möchten zu denken wie jene Menschen, die mein Leben in den letzten zwanzig Jahren sehr nachhaltig beeinflusst haben: die Mönche des legendären Klosters Shaolin. Erlauben Sie mir bitte zu Beginn ein offenes Wort. Mir geht es in diesem Buch nicht darum, Ihnen die tieferen, für einen westlich erzogenen Menschen durchaus komplexen Zusammenhänge des Zen-Buddhismus nahezubringen. Dafür gibt es erstens Berufenere, und zweitens würden Ihnen diese Erkenntnisse in einem Alltag außerhalb der Klostermauern relativ wenig helfen. Ich möchte mit Ihnen vielmehr über ein Thema nachdenken, das den Verlauf unseres Lebens mehr bestimmt als irgendetwas sonst: unsere Emotionen. Wer in Shaolin die Künste des Kampfes und des kampflosen Sieges erlernen möchte, muss zuvor seinen Meister davon überzeugen, dass er auch lernen möchte, selbstbestimmt mit seinen Gefühlen umzugehen.

Schon vor langer Zeit hat man in Shaolin erkannt, dass derjenige, der seine Emotionen nicht kontrollieren kann, bereits verloren hat, bevor er noch verstanden hat, worum es in einem Kampf überhaupt geht. Sobald wir nämlich nicht mehr Herr unserer Sinne sind, sind wir nicht in der Lage, nach unseren eigenen Vorstellungen zu handeln, sondern reagieren nur noch auf die Aktionen unseres Gegners, der uns dann häufig dazu bringt, in seinem Sinn zu agieren.

Über die Frage, in welcher Weise Emotionen uns zu unserem Nachteil beeinflussen und was wir dagegen tun können, werden wir im Laufe der folgenden Kapitel ebenso sprechen wie über die Tatsache, dass sie uns oft gegen unser besseres Wissen handeln lassen. Das ist ganz nebenbei bemerkt auch der Grund, warum ich immer wieder betone, dass Emotion und Intuition sich nicht wie oft angenommen bedingen, sondern ganz im Gegenteil gegenseitig ausschließen. Entweder hören wir auf das, was unser Bauch uns empfiehlt, oder wir befolgen blind und uneinsichtig die Befehle unserer Emotion. Sobald wir gefühlsmäßig in eine Situation verstrickt sind, verlieren wir die Fähigkeit, frei zu entscheiden.

Dieser Umstand ist mir das erste Mal so richtig bewusst geworden, als immer mehr Verkäufer von Obdachlosenzeitschriften ihren Standort vor die Eingänge von Supermärkten verlegten. Ob zu Recht oder zu Unrecht – ich hatte immer irgendwie das Gefühl, man wollte mir ein schlechtes Gewissen machen, indem man mir zeigte, dass ich mir all die Einkäufe leisten konnte, der Obdachlose hingegen nicht. Obwohl ich Bettlern, die mich freundlich fragen, durchaus immer etwas gebe, hielt mich in diesem Fall mein Ärger davon ab. Falls Sie wissen möchten, wo hier das Problem liegt: Ich entschied mich nicht aus freiem Willen dazu, nichts zu geben, sondern alleine als Reaktion auf das Verhalten eines anderen Menschen! Auch wenn dieser sich im konkreten Fall damit selbst schadete, war es ihm doch gelungen, über meine Gefühle mein Verhalten zu beeinflussen!

Leider greift dieser Mechanismus, wie wir noch sehen werden, häufiger, als den meisten bewusst ist.

Gefühle schöpfen ihre große zerstörerische Kraft aus der Tatsache, dass sie uns zu Handlungen verleiten, die wir bereits im Moment der Ausführung als falsch erkennen. Haben Sie sich beispielsweise schon einmal überlegt, wie sehr es uns schwächt, wenn wir mit etwas leben müssen, das wir in einem emotionalen Zustand gesagt oder getan haben? Wenn Sie auf Ihr Leben zurückschauen: Über wie viele Momente sind Sie heute noch glücklich, in denen Sie aus einer Emotion heraus gehandelt haben?

> In Shaolin sagt man: Aus einer Emotion heraus handeln ist, wie wenn man sich auf einem rutschigen Boden gegen jemanden verteidigen muss, der selbst auf dem Trockenen steht.

Auch wenn es nun in vielen Fällen nicht möglich ist, das Entstehen von Emotionen zu unterdrücken, können wir mit etwas Übung dennoch verhindern, dass diese die

Kontrolle über unser Handeln und unser Wohlbefinden übernehmen. Das geht natürlich nicht von einem Moment auf den anderen und erledigt sich auch nicht alleine durch die Lektüre eines Buches. Vielmehr benötigt jede Veränderung Ihre aktive Mithilfe, um die ich Sie an dieser Stelle ersuche.

Bitte besorgen Sie sich ein kleines Heft und beschriften es groß mit Ihrem Namen. Vielleicht finden Sie auch einen schönen Umschlag, oder es gefällt Ihnen genau so, wie es ist. Gerne können Sie auch das Schriftzeichen vom Buchumschlag daruntermalen, das die Verbindung zwischen Gedanken und Gefühlen in der Vorstellung der Chinesen sehr schön verdeutlicht. Das »xiang« gesprochene Wort bedeutet einerseits »denken«, gleichzeitig aber auch »glauben«, »wünschen« oder »wollen«. Wichtig ist mir, dass möglichst niemand außer Ihnen Zugriff auf das Heft hat, das bald sehr persönliche Dinge von Ihnen wissen wird. Immer wieder werde ich Sie nämlich von nun an auffordern, Ihre Gedanken, Gefühle sowie die Antworten auf meine Fragen dort einzutragen.

Möglicherweise überlegen Sie gerade, dass auch moderne Mobiltelefone heute eine wunderbare Notizfunktion mitbringen. Kaufen Sie bitte trotzdem ein Heft, und gönnen Sie sich die Zeit, einmal wieder etwas mit der Hand zu schreiben. Wann immer Sie sehen möchten, wie die Arbeit mit diesem Buch Ihre Ansichten verändert hat, öffnen Sie Ihr Heft und lesen nach. Neben den sehr bald veränderten Reaktionen Ihrer Umwelt wird es Ihnen immer eine erfreuliche Dokumentation Ihres Fortschritts sein!

Im Laufe des Buches werde ich Sie an verschiedenen Stellen bitten, sich vor dem Weiterlesen Zeit für die Beantwortung einiger Fragen zu nehmen. In Ihrem eigenen Interesse ersuche ich Sie, das Lesen jeweils an der entsprechenden Stelle zu unterbrechen, bis Sie eine Antwort gefunden und, wo gefordert, auch festgehalten haben. Mein Ziel ist es, Sie ein Gefühl dafür entwickeln zu lassen, wie Sie in der einen oder anderen Situation tatsächlich reagieren. Andernfalls bringen Sie sich um den Überraschungseffekt und die Möglichkeit, Ihr eigenes Verhalten ehrlich gespiegelt zu bekommen.

Beantworten Sie die Fragen und auch die Übungen am Ende jedes Kapitels bitte ehrlich, und geben Sie nicht gleich die Antworten, die Sie vielleicht selbst gerne hören wollen.

Wie auch in meinen anderen Büchern habe ich die Überschriften der Kapitel und auch sonst bewusst plakativ formuliert, damit keine Missverständnisse aufkommen können. Verstehen Sie aber bitte weder diese Sätze noch sonst irgendetwas, was ich in diesem Buch schreibe, als festgefügte Regeln, sondern betrachten Sie es vielmehr als Anregungen, sich mit Ihrem ganz persönlichen Umgang mit Ihren Gefühlen auseinanderzusetzen.

Ich lade Sie nun ein, mit mir auf eine Reise zu gehen, die Sie sehr nahe an Ihre Emotionen sowie deren Verursacher und Auslöser heranbringen wird. Am Ende werden nicht mehr andere, sondern alleine Sie selbst über Ihre Gefühle und Ihr persönliches Wohlbefinden gebieten.

Sind Sie bereit? Dann lassen Sie uns gehen.

Wo dein Geist ist,
dorthin wird
   dein Körper folgen.

(Aus Shaolin)

1
Das Prinzip der Ausgeglichenheit

Die höchste Stufe menschlicher Bildung ist die vollkommene Ausgeglichenheit der Seele.
(Konfuzius)

Lerne zu verhindern, dass dein Gegner dich mit deiner eigenen Kraft besiegt

Bis in die dreißiger Jahre des vorigen Jahrhunderts bewahrten die Kampfmönche des chinesischen Klosters Shaolin eine alte Tradition. Wer die etwa 15-jährige Ausbildungszeit beendet hatte, musste sich noch einer Abschlussprüfung unterziehen, um den Titel eines Meisters zu erlangen. Doch anders als man erwarten würde, begann diese Prüfung keineswegs mit einer Demonstration von kämpferischen Fähigkeiten. Am Beginn des Examens stand vielmehr eine Prüfung, die den bezeichnenden Namen »Kammer der Freude und der Trauer« trug. Der Prüfling musste sich vor dem Vorsteher des Klosters und mehreren besonders ehrwürdigen Mönchen aufstellen und erhielt kurz Zeit, um die eigene Mitte zu finden. Dann erzählten ihm die Kommissionsmitglieder nacheinander verschiedene lustige und traurige Geschichten. Zeigte der Kandidat dabei irgendeine Emotion, war er durchgefallen, und die Prüfung galt als beendet. Nur wer durch alle Anekdoten und herzzerreißenden Erzählungen hinweg ungerührt geblieben war, hatte das Recht, die »Kammer der Macht« zu betreten, wo nun die körperlichen Möglichkeiten geprüft wurden.

Als ich das erste Mal von dieser Prüfung hörte, fand ich vor allem interessant, dass man auch in Shaolin der Kontrolle über die eigenen Emotionen einen viel höheren Stellenwert einräumte als der noch so perfekten Beherrschung der Kampfkunst. Ich fühlte mich bestätigt. Doch wo immer ich davon erzähle, werde ich gefragt, ob ich Emotionen denn aus Prinzip ablehne. Nun scheint mir »ablehnen« in diesem Zusammenhang kein geeignetes Wort zu sein. Zu sehr steckt in diesem »ablehnen« etwas von »innerlich bekämpfen«, was ja wiederum nichts anderes bedeutet als Emotion. Außerdem macht es meiner Ansicht nach grundsätzlich nicht viel Sinn, etwas abzulehnen, das ohnehin existiert. Dennoch bin ich sehr wohl der Meinung, dass zu heftige Emotionen uns schaden können. Oder wundern Sie sich ernsthaft, wenn Sie erfahren, dass ein für seine gewaltigen Zornausbrüche gefürchteter Bekannter bereits in jungen Jahren einem Herzinfarkt erlegen ist? *Nehmen Sie bitte Ihr Heft zur Hand,* und schreiben Sie groß auf die erste Seite die fünf wichtigsten Vorteile, die Ihrer Meinung nach die Herrschaft über die eigenen Gefühle bringt.

Durchaus interessant finde ich in diesem Zusammenhang die Tatsache, dass die Natur mit Emotionen etwas geschaffen hat, das eigentlich ihrem ständigen Bestreben nach Ausgleich widerspricht. Diesen versucht sie dadurch herbeizuführen, dass sie auf jedes Extrem umgehend mit dem unmittelbaren Gegenteil reagiert. So folgt jedem Hoch, das wir in einer Emotion durchaus empfinden mögen, auch ein ausgleichendes Tief. So gut es also auch tun mag, sich endlich einmal seinen Ärger von der Seele zu schreien, so groß ist der Jammer, wenn man beginnt zu begreifen, was man damit angerichtet hat.

Ich vergleiche Emotionen gerne mit Alkohol. Auch dieser ist an sich weder gut noch schlecht. In vernünftigen Dosen genossen, ist er sogar durchaus in der Lage, einen gesunden Körper noch länger gesund zu erhalten. Dennoch gibt es Situationen, in denen er nichts zu suchen hat.

Denken Sie nur an einen Shaolin-Mönch, der vor einem schwierigen Kampf steht. Von seiner Fähigkeit, jederzeit klar und unbeeinflusst Entscheidungen treffen zu können, hängt womöglich sein Leben ab. Würden Sie ihm tatsächlich empfehlen, sich vor dieser Auseinandersetzung Mut anzutrinken?

Wohl kaum. Aber warum raten Sie ihm ab? Ich nehme an, Sie tun es, weil augenfällig ist, dass Alkohol in gefährlicher Weise den Verstand und damit das Urteilsvermögen benebelt. Denken Sie jetzt an sich selbst. Würden Sie sich wirklich betrinken, wenn Sie gleich darauf eine Entscheidung treffen müssten, die Ihr gesamtes weiteres Leben beeinflusste? Oder wenn Sie festlegen sollten, wem Sie alle Ihre Ersparnisse anvertrauen?

Ganz allgemein lässt sich Folgendes sagen:

Emotionen sind wie Alkohol immer dort fehl am Platz, wo sie unsere Entscheidungsfähigkeit beeinflussen.

Wo diese gefragt ist, tritt man am besten an wie ein Kandidat zur Shaolin-Abschlussprüfung: ruhig, ausgeglichen und in der eigenen Mitte.

Nun haben wir gegenüber den alten Kampfmönchen einen gewissen Nachteil. Wir leben nicht mehr abgeschieden hinter schützenden Klostermauern, die wir ab und an ausgeruht für einen Kampf verlassen. Vielmehr umgibt uns ständig eine Welt voller Unruhe, Hektik und täglicher Herausforderungen, deren einziger Zweck darin zu bestehen scheint, uns das Leben schwer zu machen. Ereignisse, die uns emotional aus der Fassung bringen, scheinen schon fast an der Tagesordnung.

> Gleichzeitig hängt aber die Frage, wie schnell wir in einen emotionalen Ausnahmezustand kommen, sehr stark davon ab, in welcher gefühlsmäßigen Ausgangslage wir uns befinden.

Stellen Sie sich einmal vor, Sie stellen einen Topf mit Wasser auf den Herd. Wie lange wird es dauern, bis das Wasser siedet? Kam es bereits heiß genug aus der Wasserleitung, so reichen durchaus wenige Sekunden, um es zum Kochen zu bringen! Das Gleiche gilt für Ihren Kopf. So braucht es einerseits eine durchaus große Kraftanstrengung, um einen in sich ruhenden Menschen zornig zu machen. Doch je höher das vorhandene Stresslevel, desto rascher verliert der andere die Kontrolle. Und umso größer ist die Wahrscheinlichkeit, dass er Fehler machen wird.

Besonders deutlich zu sehen ist das überall dort, wo ein Angreifer gezielt versucht, Sie in seinem Sinn unter Druck zu setzen. Denken Sie beispielsweise an den Kassenbereich in vielen Supermärkten. Sicher haben Sie schon bemerkt, dass die Verhältnisse dort stets beengt sind und nur wenig Platz zum Einpacken bieten. Das wird von den Betreibern gezielt so angelegt, mit der Absicht, Sie schnellstmöglich wieder aus diesem Bereich zu vertreiben. Schließlich können in der Zeit, die Sie zum Einpacken benötigen, schon drei weitere Kunden »abkassiert« werden! Und dadurch kann wiederum der Arbeitsplatz mindestens einer Kassiererin eingespart werden.

Versetzen Sie sich nun bitte in die folgende Situation: Sie stehen nach einem Großeinkauf an der Kasse. Die Waren, die mindestens drei Einkaufstüten füllen werden, liegen bezahlt auf dem Band und warten darauf, von Ihnen eingeräumt zu werden. Die Kassiererin hat sich bereits demonstrativ dem nächsten Kunden in der langen Schlange zugewendet und schiebt latent aggressiv Ihre Sachen weiter.

Schreiben Sie bitte auf, wie Sie sich in dieser Situation verhalten. Packen Sie mit der Ruhe des zahlenden Kunden Ihre Einkäufe in die mitgebrachten Taschen und ignorieren Sie den Stress um Sie herum einfach? Dann darf ich Ihnen gratulieren, denn dann sind Sie tatsächlich in Ihrer Mitte. Oder aber weichen Sie vielmehr vor dem geschickt aufgebauten Druck und versuchen den Kassenbereich zur Not mit unter den Arm geklemmten Waren schnellstmöglich zu verlassen?

Schreiben Sie bitte auch auf, warum Sie sich auf die eine oder andere Art verhalten.

Zum Schluss stellen Sie sich jetzt vor, Sie betreten nach dem Supermarkt noch ein anderes Geschäft. Dort stellen Sie beim Bezahlen fest, dass Sie in der Hektik Ihre Geldbörse an der Supermarktkasse haben liegen lassen. Ganz spontan: Welcher Gedanke geht Ihnen als erster durch den Kopf? Wem geben Sie die Schuld an der Misere? *Schreiben Sie beides auf.*

So Sie sich selbst als den Schuldigen sehen, da ja Sie den Fehler gemacht haben, sollte Ihnen jetzt klar sein, wie ein emotionaler Angriff funktioniert. Denn auch wenn Sie tatsächlich falsch gehandelt haben, war der Auslöser dafür das Verhalten eines anderen Menschen, der genau dies bewusst in Kauf genommen hat.

Es geht aber noch weiter. Versetzen Sie sich bitte einfach einmal in die umgekehrte Situation. Sie stehen an der zwanzigsten Stelle in der Kassenschlange und sehen, wie ganz vorne jemand völlig entspannt seine Einkäufe einsortiert. Gegen wen richtet sich nun Ihr Zorn? Gegen den Supermarktbetreiber, der die unangenehme Situation durch die bauliche Gestaltung absichtlich verursacht hat, oder gegen jenen Menschen, der diese in völliger Ruhe einfach ignoriert? *Schreiben Sie es in Ihr Heft,* und notieren Sie auch dazu, warum das so ist.

Ich muss jetzt wohl nicht extra ausführen, dass Ihr Ärger in der Schlange umso größer ist, je gereizter Sie ohnehin schon sind. Denn die Frage, wie leicht Sie angreifbar sind, hängt weniger von Ihrem Gegner ab als vielmehr davon, in welchem emotionalen Ausgangszustand Sie sich befinden.

> Auch der stärkste Gegner wird zum leichten Opfer, wenn er die Nacht vor dem Kampf bis in den Morgen durchgezecht hat.

Emotionen haben aber noch eine weitere, oft sehr unangenehme Eigenschaft: Sie verändern unsere Wahrnehmung derart, dass sie sich gleichsam selbst verstärken.

Lassen Sie mich das zuerst einmal an einem Beispiel erklären. Auf meiner allerersten Reise nach Indien waren meine Partnerin und ich gegen Schluss der Tour schon ziemlich am Ende unserer Kräfte. Wir hatten bereits einige Reisewochen hinter uns, viele Nächte schlecht oder gar nicht geschlafen, fühlten uns von der ständigen Reizüberflutung in der damals noch unbekannten Kultur überfordert und mussten obendrein aufmerksam sein, um nicht irgendwelchen Betrügern zum Opfer zu fallen. In diesem Zustand gingen wir nun eines Abends vom Busbahnhof durch dunkle Gassen auf die Suche nach einem Hotel. Wir waren alleine auf der Straße, doch plötzlich überkam mich das unangenehme Gefühl, wir würden verfolgt. Ich drehte mich um und sah, dass hinter uns tatsächlich ein Inder ging, der immer näher zu kommen schien. Ich beschleunigte den Schritt in der stillen Hoffnung, eine Unterkunft zu finden, bevor der andere uns erreichen würde. Doch auch der ging schneller und verringerte den Abstand weiter. Innerlich bereits auf die unvermeidliche Schlägerei eingestellt, verlangsamte ich meinen Schritt. Als der Inder auf meiner Höhe war, sah ich auf einmal aus dem Augenwinkel eine Armbewegung, die auf mich wirkte, als wollte er mich attackieren. Ich zuckte zusammen und hätte um ein Haar dem armen Mann, der freundlich grüßend an uns vorbeieilte, ins Gesicht geschlagen. Und das nur, weil meine Übermüdung meine latente Angst bis zu Unkontrollierbarkeit gesteigert hatte! Wie jeder Mensch, der sich in einer emotionalen Situation befindet, hatte auch ich nur gesehen, was ich sehen wollte, und damit meine eigenen negativen Vorstellungen verstärkt.

Wie sieht das bei Ihnen aus? Nehmen auch Sie Dinge anders wahr, wenn Sie müde oder überfordert sind? *Schreiben Sie bitte in Ihr Heft,* wann so etwas das letzte Mal zu einer für Sie nachteiligen Situation geführt hat. Notieren Sie bitte darunter, was noch dazu beiträgt, Ihre objektive Wahrnehmung zu beeinträchtigen und Sie vom rationalen in den emotionalen Entscheidungsbereich zu führen.

Interessanterweise scheinen die gefährlichen Auswirkungen emotionaler Verstrickung ja durchaus bekannt zu sein. Woher sonst käme die durchaus ernstzunehmende Aufforderung, über schwierige Entscheidungen oder Urteile »erst einmal eine Nacht zu schlafen«?

All diese Mechanismen bieten jedem kundigen Angreifer fantastische Möglichkeiten, die wie selbstverständlich auch im Alltag immer wieder angewendet werden. Vereinfacht gesagt, besteht ein oft gesehener Trick darin, den Gegner zuerst bewusst in einen unangenehmen emotionalen Zustand zu bringen und diesen dann selbst aufzulösen, um als der große Retter dazustehen. In der darauf einsetzenden Entspannungsphase entscheidet das Opfer dann meist, wie vom Angreifer gewünscht.

In der Praxis sieht das beispielsweise so aus, dass ein Bankberater Sie mit der Ankündigung »leider sehr schlechter Nachrichten« in die Filiale bestellt. Bevor Sie weiterlesen, versetzen Sie sich bitte in exakt diese Situation und *schreiben Sie in fünf Stichworten auf,* was Ihnen in so einem Fall durch den Kopf geht. In der Bank angekommen, begrüßt Sie ein gutgelaunter Betreuer, der Ihnen entschuldigend eröffnet, dass die schlechten Nachrichten in Wirklichkeit die Bank beträfen und man das wohl etwas unglücklich kommuniziert habe. Aufgrund der aktuellen Niedrigzinslage, so führt er aus, könne das Institut nämlich nicht wie geplant die Zinsen für Ihren Kredit anheben und Sie würden weiterhin in Form niedriger Raten profitieren. Was verspüren Sie jetzt? Wahrscheinlich ein Gefühl der Erleichterung, oder? Aber warum eigentlich? An der Situation selbst hat sich ja nichts geändert!

Notieren Sie bitte ehrlich, ob Sie auf eine angebotene Aufstockung Ihres Kreditvolumens anders reagieren, als Sie es ohne die vorherige Ankündigung einer schlechten Nachricht getan hätten.

Auch in Shaolin kennt man diese Technik, wenn auch in etwas abgewandelter Form, übrigens schon seit vielen Jahrhunderten. Hier zielen die Mönche vor allem auf die Emotionen Überheblichkeit und Selbstüberschätzung.

Ein Mönch, der in Sichtweite eines Gegners kam, begann einen Betrunkenen zu imitieren. Er torkelte und versuchte seinem Rivalen möglichst glaubhaft den Eindruck zu vermitteln, dass er kaum noch in der Lage sei, sich auf den Beinen zu halten. Dem Gegner bot sich ein vermeintlich gefundenes Fressen! Schien doch tatsächlich die Chance zum Greifen nah, einen dieser legendären Kampfmönche zu besiegen! Anstatt also dem klar überlegenen Mönch in gebührendem Abstand auszuweichen, soll so mancher sich darangemacht haben, die vermeintliche Schwäche seines Gegenübers auszunutzen. Viele, so heißt es, hätten diesen Übermut mit ihrem Leben bezahlt. Übermut, ein unkontrollierter Überschwang der Gefühle, tut aber schon laut einem alten Sprichwort selten gut ...

> Diese Art emotionaler Manipulation ist eine Waffe, die man so vorsichtig behandeln muss wie ein scharf geschliffenes Schwert und deren Anwendung sehr viel Übung verlangt.

Sind wir im Umgang mit ihr nämlich nicht ausreichend vorsichtig, können wir uns sehr leicht selbst verletzen oder außer Gefecht setzen.

Einmal schilderte mir eine gute Bekannte eine Idee für ein Projekt, das zumindest nach meinem Dafürhalten nicht den Funken einer Erfolgschance hatte. Ich erklärte ihr meine Bedenken, doch sie meinte nur: »Das habe ich bei meinen letzten ungefähr zwanzig Projekten jedes Mal von irgendwem gehört. Immer habe ich danach gehandelt, aber am Schluss wäre es vielleicht gar nicht so gewesen! Diesmal mache ich es so, wie ich es will, weil ich daran glaube und um euch zu beweisen, dass ihr falschliegt!«

Nicht immer ist der durch eine Emotion hervorgerufene

Fehler so offensichtlich zu sehen wie in diesem Gespräch, das tatsächlich so stattgefunden hat. Verstehen Sie mich bitte nicht falsch. Das Problem liegt hier nicht darin, dass jemand etwas tut, was er für richtig hält. Der Fehler liegt vielmehr in der Frage, warum er es tut. Denn im konkreten Fall lag der Grund für das Handeln meiner Bekannten ja in nichts anderem begründet als in der Emotion des Beleidigtseins. Selbst wenn ihre Freunde bis dahin tatsächlich unrecht gehabt hatten, musste das ja noch lange nicht bedeuten, dass meine Bekannte trotzig und ohne Nachdenken einfach davon ausgehen durfte, dass das auch diesmal der Fall sein würde!

Ich erzähle dieses Beispiel nicht nur in dem Wissen, dass die Sache das befürchtete Ende genommen hat. Die Geschichte ist für mich ein schöner Beweis für die Richtigkeit einer Idee, die ich mir zur Lebensregel gemacht habe:

> Triff Entscheidungen niemals aus einer Emotion heraus, sondern analysiere immer vorher in Ruhe die Fakten.

Ganz nebenbei bemerkt: Hätten das auch jene Menschen getan, die durch den großen Bankencrash – statt wie versprochen Zinsen im zweistelligen Bereich zu verdienen – ihr gesamtes Vermögen verloren haben, wäre wohl uns allen viel erspart geblieben.

Damit ist das mögliche Vernichtungspotenzial von emotionsgetriebenen Entscheidungen aber noch lange nicht ausgeschöpft. Stellen Sie sich bitte einmal vor, ein guter Bekannter schlüge ihnen folgendes Geschäftsmodell vor: Sie drehen bei sich zu Hause Videos über Haare und Frisuren und veröffentlichen diese dann auf einer großen Internetplattform. Ich gebe ehrlich zu, dass ich diese Idee ziemlich eigenartig fand, als ich das erste Mal tatsächlich von ihr hörte. Wen bitte, so dachte ich bei mir, soll denn so etwas interessieren? Mich jedenfalls – so viel wusste ich sofort – interessierte es nicht. Und wenn mich etwas nicht interessiert, so meine unmittelbare und von Gefühlen geleitete Erkenntnis, dann interessiert es auch niemand anders. Wie falsch ich mit dieser Einsicht lag, beweist die Geschichte von Bethany Mota, einer jungen Amerikanerin, die genau mit diesem Geschäftsmodell zur Millionärin geworden ist. Über drei Millionen Menschen klicken Monat für Monat auf eben solche von ihr erstellten Filme und verhelfen ihr damit zu gigantischen Werbeeinnahmen.

> Wer Erfolg haben will, muss lernen zu unterscheiden, ob eine Idee ihm nicht gefällt oder ob sie tatsächlich schlecht ist.

Grundsätzlich kann man das wirkliche Potenzial, aber auch das darin liegende, tatsächlich vorhande Gefahrenpotenzial einer Sache nur dann erkennen, wenn man bereit ist, sie unbeeinflusst von Emotionen zu betrachten.

So erzählt es auch Daisetz Teitaro Suzuki in seiner Geschichte von Meister Bokuden. Dieser hatte seine drei Söhne zur Ausbildung zu einem Schwertmeister geschickt und wollte nach ihrer Rückkehr aufgrund ihres Könnens entscheiden, welchem der drei ein Schwert überlassen werden könne. Er schickte die Söhne aus dem Raum und legte für sie unsichtbar ein kleines Kissen so auf die Vorhangstange des Eingangs, dass, wenn der Vorhang beim Betreten des Raumes berührt wurde, das Kissen leicht herunterfiel. Dann rief er seinen ersten Sohn in den Raum. Als dieser den Vorhang zur Seite schob, fiel das Kissen zu Boden. Der Sohn hob es auf und legte es dann wieder an seine Stelle. Daraufhin rief Bokuden den zweiten Sohn. Dieser bemerkte das Kissen, als er den Vorhang zur Seite schieben wollte, nahm es, trat ein und legte es wieder an seinen Platz. Schließlich kam der dritte Sohn. Dieser trat rasch herein und zog schnell den Vorhang zur Seite, sodass das Kissen herunterfiel. Bevor es jedoch den Boden erreichte, hatte der Sohn sein Schwert gezogen und das Kissen in zwei Hälften geteilt.

Nun standen die drei Söhne im Raum und warteten, dass die Probe beginnen sollte. Da lächelte Bokuden und sagte, sie sei bereits beendet, und nur einer von ihnen habe sie bestanden. Er wandte sich zu seinem ersten Sohn und sagte: »Du, mein Sohn, musst noch fleißig üben.« Zum zweiten hingegen, der das Kissen bemerkt hatte, sagte er: »Du, mein Sohn, bist würdig, ein Schwert zu führen.« Zum dritten Sohn jedoch sagte er in ernstem Ton: »Dir, mein Sohn, sollte niemals erlaubt werden, ein Schwert zu führen. Denn du bist das Unglück der Familie.«

Welche Emotion mag den dritten Sohn zu seiner Handlung getrieben haben? *Notieren Sie es in Ihr Heft,* und schreiben Sie ganz ehrlich dazu, wie Sie selbst sich verhalten hätten.

Mir scheint, als habe der dritte Sohn aus einer inneren Unruhe heraus gehandelt, die sich vorher bereits durch etwas anderes aufgebaut hatte und durch das fallende Kissen gleichsam zur Explosion gebracht wurde. Eine Emotion, die aus einem Menschen herausbricht, ist nämlich oft nur die sichtbare Spitze eines riesigen Eisberges, der sich manchmal über Jahre aufgebaut hat.

> Eine der größten Gefahren emotionaler Unausgeglichenheit liegt darin, dass ständige Emotionen einen Menschen verändern, ohne dass dieser es bemerkt.

So richtig bewusst geworden ist mir dieser gefährliche Mechanismus, als ich einmal einem Bekannten geholfen habe, ein Heizungsrohr auszutauschen. Das darin verbliebene Wasser war irgendwann im Winter gefroren, hatte sich ganz langsam ausgedehnt und schließlich das Rohr zum Platzen gebracht. Nie zuvor hatte ich so deutlich vor Augen, dass es in der Natur durchaus auch so etwas wie fast unsichtbare, langsame Kräfte gibt, die in aller Ruhe ihr Opfer zerstören.

Bezogen auf Gefühle bedeutet das, dass man ja auch niemanden mit einer einzigen Äußerung in den Selbstmord treibt. Vielmehr baut sich die fatale Emotion meist über eine lange Zeit hinweg auf, oft ohne dass der Betroffene selbst etwas davon bemerkt. Dieser Umstand ist uns zumindest so weit bekannt, dass wir ihn bereits in unsere Sprache integriert haben.

> Etwas, das »an Ihnen nagt«, sollten Sie so schnell wie möglich loswerden.

Nehmen Sie bitte Ihr Heft, und schreiben Sie drei Dinge hinein, die Sie bereits seit längerer Zeit in einem gefühlsmäßig unausgeglichenen Zustand halten. Das können Geldsorgen genauso sein wie Unzufriedenheit mit dem Chef oder nicht erfüllte Erwartungen. Schreiben Sie daneben, wie Sie diese störenden Umstände ab sofort beseitigen werden, und machen Sie sich daran, es auch zu tun.

Möglicherweise wenden Sie jetzt ein, dass das Problem ja gar nicht bei Ihnen selbst liege. Vielmehr seien es doch Ihre Mitmenschen, auf deren Verhalten Sie gereizt reagieren! Das erinnert mich an einen lieben, mittlerweile leider verstorbenen Freund. Der hatte die seltsame Angewohnheit, auf die Frage, wie es ihm denn ginge, halb scherzhaft zu antworten: »Wie die anderen wollen!«

Möglicherweise nicken Sie gerade bestätigend. Schließlich ist es doch so, oder? Das muss aber nicht sein. Ich persönlich erlaube niemandem außer mir selbst, darüber zu bestimmen, wie es mir geht. In Shaolin habe ich gelernt, dass es eine Sache ist, was ein anderer tut – aber eine ganz andere, wie und ob ich darauf reagiere. Das müsse so sein, hat mein Meister immer gesagt, weil beides ja von zwei völlig getrennten Entscheidungen beeinflusst werde.

Es ist eine Sache, was jemand anderer tut. Und eine ganz andere, ob und wie Sie darauf reagieren.

Tatsächlich können Gefühle, die ja in unserem Körper entstehen, auch ausschließlich dort bearbeitet werden.

Daher haben auch nur wir selbst Einfluss auf unsere Emotionen.

Es geht aber noch besser. Denn auch wenn es für uns, der Einfachheit halber, immer den Anschein macht, alle anderen seien die Ursache für unsere schlechte Laune:

> Objektiv gesehen sind es alleine wir selbst, die schlechte Emotionen zulassen.

Und dann schieben wir das Verhalten anderer Menschen vor, um bei uns nichts ändern zu müssen.

Bewusst geworden ist mir dieser Umstand, als ich mir vor einiger Zeit eine neuere Version eines Schreibprogrammes für den Computer bestellt habe, das ich aber nur äußerst selten nutze. Zum Kauf bewogen hatte mich vor allem, dass der Entwickler bei früher Bestellung eine Ermäßigung von 50 Prozent versprach und die Investition dadurch in einem sehr überschaubaren Rahmen blieb. Als sich jedoch nach der angekündigten Lieferzeit von 14 Tagen nichts rührte, begann ich nervös zu werden. Ich besuchte die entsprechende Internetseite und musste feststellen, dass dort zwar noch immer der Frühbestellerrabatt beworben wurde, vom Produkt selbst jedoch keine Spur zu finden war. Von da an schaute ich mit wachsendem Ärger mehrmals täglich auf die Homepage, ohne dass sich dort etwas änderte. Irgendwann fiel mir auf, dass die Angelegenheit begann, mir Stress zu machen. Ich lehnte mich zurück und fragte mich, wozu ich mir das eigentlich alles antat? Denn selbst wenn die Software pünktlich ausgeliefert worden wäre, hätte ich zum aktuellen Zeitpunkt keinerlei Verwendung für sie gehabt. Und zudem bewegte sich der verlorene Betrag maximal in der Größenordnung eines ausgiebigeren Mittagessens in einem Mittelklasserestaurant. Ich verwendete also eine Menge Zeit und zugegebenermaßen durchaus auch Ärger darauf, mir immer wieder meine vermeintliche Leichtgläubigkeit vor Augen zu führen – wegen einer Sache, die ich gar nicht brauchte! Ich selbst hatte den Ärger in mir zugelassen. Und das bis dato ohnehin grundlos: Denn bisher hatte niemand gesagt, dass die Lieferung nicht eintreffen würde. Bis dahin hatte sie sich lediglich verspätet.

Irgendwann wurde mir schlagartig klar, dass ich mich völlig grundlos so weit in eine Emotion hineingesteigert hatte, dass ich gleichsam in ihrem Auftrag begann, mir selbst zu schaden. Denn selbstverständlich wuchs mein Ärger jedes Mal, wenn ich feststellen musste, dass der Lieferstatus immer noch unverändert war.

Ich beschloss also, meine Herangehensweise bewusst zu ändern. Wann immer ich von nun an versucht war, den aktuellen Status zu überprüfen, stellte ich mir die Frage, was außer Ärger es mir einbrächte, zu sehen, dass sich nichts geändert hatte. Ich rief mir gezielt ins Gedächtnis, dass ich das Programm zwar vielleicht installieren, jedoch ohnehin nicht sofort verwenden würde.

Ihnen kommt diese Situation bekannt vor? *Dann schreiben Sie bitte auf,* wann Sie sich das letzte Mal in eine Sache hineingesteigert haben und auf welchem Weg Sie das nächste Mal am besten aus einer ähnlichen Situation herauskommen werden. Leider versteht man oft erst hinterher, wenn wie in meinem Fall die Software kurz darauf zum Download bereit steht, wie viel Energie und Lebenszeit man mit nutzlosem Ärger vergeudet.

> Steigern Sie sich nicht selbst in nutzlose Gefühle hinein.

Offensichtlich hatte man sich auch in Shaolin mit ähnlichen Problemen zu beschäftigen. Denn dort erzählt man sich, dass eines Tages ein alter Meister der ständigen Beschwerden seines Schülers müde wurde. Also schickte er ihn eines Morgens los, etwas Salz zu besorgen. Als der Schüler zurückkam, bat der Meister ihn, eine Handvoll Salz in ein Glas Wasser zu mischen und dies dann zu trinken. »Wie schmeckt es?«, fragte der Meister. »Salzig!«, antwortete der Schüler und verzog das Gesicht. Der Meister lachte und forderte dann den jungen Mann auf, die gleiche Handvoll Salz in den nahe gelegenen See zu mischen. Die beiden gingen schweigend zum See, und nachdem der Schüler seine Handvoll Salz in das Wasser gemischt hatte, sagte der Meister: »Nun trinke aus dem See.« Der Schüler tat wie befohlen, und wieder fragte der Meister: »Wie schmeckt es?« – »Frisch«, sagte der Schüler. »Hast du das Salz geschmeckt?«, fragte der Meister. »Nein«, sagte der junge Mann. Als die beiden daraufhin zusammensaßen, sagte der Meister zu seinem Schüler: »Der Schmerz des Lebens ist reines Salz, nicht mehr, nicht weniger. Die Menge der Schmerzen im Leben bleibt genau gleich. Jedoch ist die Menge der Bitterkeit, die wir schmecken, abhängig vom Kontext, in dem wir den Schmerz fühlen. Wenn du also Schmerzen fühlst, ist das Einzige, was du machen kannst, deinen Sinn für die Dinge zu vergrößern. Hör auf, ein Glas zu sein. Werde ein See.« Nur dann nämlich, so möchte man hinzufügen, wird dein Geist dich an einen Ort führen, an den dein Körper ihm mit Freude folgen wird.

Übungen

Die folgenden Fragen sollen Ihnen ein Gefühl dafür geben, wo ein Gegner besonders leicht Ihre emotionale Kraft gegen Sie einsetzen kann.

Wann hat das letzte Mal eine Emotion Ihre Wahrnehmung zu Ihrem Nachteil verändert?

___

___

___

Wie kann man in Ihnen besonders schnell eine solche Emotion hervorrufen?

___

___

___

Warum suchen wir so oft bei anderen die Schuld – obwohl wir die Dinge nur für uns selbst ändern können?

___

___

___

___

ÜBUNGEN

Ärgern Sie sich manchmal über das Verhalten anderer Menschen, obwohl dieses Sie überhaupt nicht betrifft? Warum?

_____

_____

_____

_____

Welche Emotion nutzen Ihre Gegner besonders häufig aus?

_____

_____

_____

_____

Warum lassen Sie das zu?

_____

_____

_____

_____

_____

Wenn wir unsere
Feinde hassen, geben wir
ihnen eine große Macht
über unser Leben:
Macht über unseren Schlaf,
unseren Appetit,
unsere Gesundheit
und unsere Geistesruhe.

(Andrew Carnegie)

2
Das Prinzip der Abgrenzung

*Glücklich ist, wer Schmähungen hört,
doch schweigt. Hundert Übel gehen
an ihm vorüber. (Aus Asien)*

Lerne, deine Handlungen von denen deiner Gegner zu trennen

Wenn ich in meinen Vorträgen über Themen wie »Kampf« und »kampfloses Siegen« spreche, begegnet mir interessanterweise neben viel Zustimmung auch immer so etwas wie Verwunderung. Wozu eigentlich, so werde ich von manchen Zuhörern gefragt, braucht man heute überhaupt noch Kenntnisse in der Kunst des Kampfes? Früher einmal, da mögen sie durchaus von Nutzen gewesen sein. Denn die Samurai, die Ritter oder auch die Shaolin-Mönche hätten ja noch tatsächlich gekämpft. Aber in unserer zivilisierten Welt von heute sei Kampf doch wirklich kein Thema mehr!

Diese Ansicht erstaunt mich zugegeben jedes Mal aufs Neue. Denn zumindest meine persönliche Wahrnehmung ist eine vollkommen andere:

Das Thema Kampf ist in unserer Zeit wohl aktueller, als es jemals zuvor war.

Betrachten wir doch nur die Selbstverständlichkeit, mit der wir von »Geschlechterkampf«, »Konkurrenzkampf«, »Überlebenskampf« oder »Kampf um den Arbeitsplatz« sprechen. Das zeigt doch recht eindrucksvoll, wie omnipräsent das Thema heute ist.

Auch die Tatsache, dass die kämpferische Auseinandersetzung, die lange Zeit vorwiegend als Domäne der Männer einiger spezieller Berufsgruppen galt, nun gleichsam für alle Geschlechter und in der breiten Masse angekommen ist, spricht Bände.

Irgendwann wurde aus »Mann gegen Mann« »jeder gegen jeden«.

Und noch etwas ist heute anders. Früher, als Duelle noch als offene Zweikämpfe ausgetragen wurden, versuchten die Duellanten, den Kontrahenten durch möglichst starke körperliche Verletzungen außer Gefecht zu setzen. Heute ist offen körperliche Gewalt jedoch – das ist tatsächlich eine Änderung, die in den letzten Jahrzehnten eingetreten ist – in weiten Teilen der Welt nicht mehr akzeptiert. Wahrscheinlich ist es das, was viele glauben lässt, der Kampf würde nicht mehr existieren.

> In Tat und Wahrheit hat sich aber am Verhalten der Menschen selber nichts geändert.

Neu ist nur die Technik der Kämpfe, die heute im Gegensatz zu früher nicht mehr offen ausgetragen werden. Heutige Angreifer versuchen, uns anstelle von körperlichen

Verletzungen möglichst tiefe seelische Wunden beizubringen. Sie wollen uns zu Fall bringen, indem sie uns mental schwächen.

> Das Perfide an dieser Angriffsform ist, dass geistige Verletzungen meist unsichtbar bleiben und daher von Außenstehenden oft als inexistent abgetan werden.

In gewisser Hinsicht hatten also die Kämpfer früherer Zeiten, in denen man mit Schwertern und Stöcken aufeinander losging statt mit Beleidigungen und Emotionen, einen Vorteil: Die erlittenen Wunden waren für alle deutlich sichtbar. Daher galt es auch als selbstverständlich, den Körper mit einem Schutzanzug vor ebendiesen Verletzungen zu schützen.

Ganz anders verhält es sich im geistigen Kampf:

Bei nicht-körperlichen Auseinandersetzungen sind viele Menschen der Meinung, auf Schutz verzichten zu können, und wundern sich dann, was der Gegner bei ihnen anrichtet.

Vergessen Sie nicht: Ob Ihr Gegner Sie mit Fäusten oder mit Worten attackiert, sein Ziel ist es, Sie möglichst stark zu verwunden! Die Redewendung »jemandem etwas an den Kopf werfen« drückt diesen Sachverhalt mit erstaunlicher Präzision aus. So etwas tut man nicht aus Freundlichkeit. Gleichwohl kämen Sie sicher nicht auf die Idee, ohne entsprechende Schutzausrüstung in einen Boxkampf zu gehen.

> Entsprechend sollten Sie sich auch keiner geistigen Auseinandersetzung ohne entsprechende Schutzausrüstung stellen.

Eine Rüstung soll uns nämlich nicht nur vor Verletzungen bewahren, sondern auch zwischen uns und den Angreifer jene Distanz bringen, die es uns ermöglicht, furchtlos und überlegt auf eine Attacke zu reagieren. Einen solchen »geistigen« Schutzanzug möchte ich gerne gemeinsam mit Ihnen bauen. Gleichzeitig möchte ich Sie auffordern, ihn von nun an immer zu tragen. Ich nenne ihn das »Prinzip der Abgrenzung«.

In Shaolin erzählt man sich dazu die Geschichte eines jungen Schwertkämpfers, der eines Tages ins Kloster kam, um einen alten Meister zum Kampf herauszufordern. Fest entschlossen, ihn zu bezwingen, wollte der Junge den ersten Schlag seines Gegners abwarten und ihm mit gnadenloser Kraft und blitzartiger Schnelligkeit einen Stoß versetzen, sobald sein erfahrener Gegner sich eine Blöße gab. Diese Technik war so wirksam, dass bisher noch kein einziger Gegner über den ersten Schlag hinausgekommen war.

Ohne auf den Rat seiner besorgten Schüler zu hören, akzeptierte der Meister die Herausforderung zum Kampf. Die beiden gingen in Stellung, und der junge Krieger begann, den Alten wüst zu beschimpfen. Er bewarf ihn mit Dreck und spuckte ihm ins Gesicht. Stundenlang ereiferte er sich und übte sich in den schlimmsten Flüchen und Beleidigungen, die damals der Menschheit bekannt waren.

Doch der Meister stand einfach bewegungslos und ruhig da. Schließlich hatte sich der junge Krieger verausgabt. Und ohne, dass sie einander auch nur berührt hatten, sah er ein, dass er geschlagen war, und zog beschämt von dannen.

Enttäuscht darüber, dass ihr Meister den überheblichen Herausforderer nicht zurechtgewiesen hatte, versammelten sich seine Schüler um ihn und baten um eine Erklärung. »Wie konntet Ihr solch eine Schmach über Euch ergehen lassen? Und wie kam es, dass er ohne zu kämpfen von dannen zog?« – »Wenn jemand kommt, um dir ein Geschenk zu geben«, antwortete der Meister, »und du nimmst es nicht an: Wem gehört das Geschenk dann?«

Nun hört sich das in der Theorie alles ganz wunderbar an: Ein Angreifer wirft Ihnen einen Fehdehandschuh hin, und Sie teilen ihm mit, für diesen leider keine Verwendung zu haben. Doch die Praxis sieht leider meist etwas anders aus. Zwar nehmen wir uns oft vor, das Geschenk beim Gegner zu belassen. Doch im »Eifer des Gefechts« überkommt uns diese Einsicht häufig erst dann wieder, wenn wir das Geschenk schon ausgepackt in Händen halten und uns über den Inhalt ärgern. Und dann ist es äußerst schwierig, es wieder zurückzugeben.

Ich erinnere mich, dass wir als Jugendliche ein Spiel hatten, das auf dem Prinzip beruhte, dass Menschen in der Emotion erst handeln und dann denken. Wir wetteten mit einer beliebigen Person, dass diese nicht in der Lage sei, uns drei einfache Sätze fehlerfrei nachzusprechen. Der erste Satz war meist etwas in der Art von »Gestern Nachmittag schien die Sonne«. Niemand hatte ein Problem, ihn zu wiederholen. Es folgte etwas wie: »Die Kirschkerne vom Kirschkuchen kochen wir in der Küche.« Doch kaum hatte der andere den Satz korrekt zu Ende gesprochen, unterbrachen wir ihn mit einem harschen: »Das war falsch!« Die Reaktion war jedes Mal die gleiche. Statt auch diesen dritten Satz einfach zu wiederholen, legte unser Gegenüber die Stirn in Falten und fragte: »Wieso? Ich hab es doch genauso gesagt wie du!« Womit wir unsere Wette gewonnen hatten.

Ein verbaler Schlagabtausch wie dieser kommt den Angriffen auf unsere Emotionen in der heutigen Zeit schon sehr nahe. Das Teuflische an emotionalen Angriffen ist nämlich, dass diese gleichsam eine in uns bereits vorhandene Stimmung verstärken. Dadurch reagieren wir, bevor wir verstehen, was wir eigentlich tun. Bei der Wette mit den drei Sätzen ist es das simple Wort »falsch«, das uns zu einer Reaktion treibt.

> Die Tatsache, dass Emotionen in uns etwas verstärken, ohne dass wir etwas dagegen tun können, macht Angriffe, die sich der Gefühle bedienen, sowohl besonders wirksam als auch besonders gefährlich.

Umgekehrt gibt es eine gute Nachricht: Emotionale Angriffe können nur dort etwas verstärken, wo in Ihnen bereits etwas vorhanden ist.

Sie können also kein Feuer entzünden, sondern nur einen bereits lodernden Brand (wieder) voll entfachen.

Lassen Sie mich das an einem Beispiel demonstrieren. *Nehmen Sie dazu bitte Ihr Heft zur Hand.* Schreiben Sie nun untereinander die Begriffe »Kirschblüte«, »Abt« und »Zeit«. Daneben machen sie jeweils einen etwa fünf Zentimeter langen, waagerechten Strich, an dessen jeweilige Enden Sie die Zahlen Null und Zehn setzen. Lesen Sie nun die folgenden Fragen und markieren Sie auf der zum Stichwort passenden Skala, wie sehr die jeweilige Frage Sie emotional berührt. Lässt die Frage Sie völlig kalt, setzen Sie die Markierung bei der Null. Spüren Sie hingegen eine deutliche emotionale Abwehrreaktion, machen Sie einen Strich bei der Zehn. Ansonsten finden Sie jeweils die Position dazwischen.

Die erste Frage lautet: An welchem Tag begann in diesem Jahr in Japan die Kirschblüte? Frage zwei: Wie heißt der Abt des Shaolin-Klosters? Und die dritte Frage: Haben Sie jetzt tatsächlich Zeit, dieses Buch zu lesen, und gibt es wirklich nichts, das Sie eigentlich dringlicher tun sollten?

Verstehen Sie, worauf ich hinausmöchte?

Jede emotionale Reaktion deutet auf eine Form von innerer Unausgeglichenheit hin.

So reagieren Sie auf die dritte Frage dann emotional, wenn Sie tief in Ihrem Innern ein schlechtes Gewissen haben, trotz all der zu erledigenden Arbeit einfach zu entspannen. Denken Sie nur einmal daran, welchen Stress es vielen Menschen macht, wenn sie die Antwort auf eine Frage nicht kennen, die sie eigentlich wissen müssten, weil sie ihr Fachgebiet betrifft!

Gegen tatsächliche oder vermeintliche Angriffe dieser Art besteht die wirkungsvollste Gegenwehr in der bereits vorhin beschriebenen Abgrenzung. Sobald Sie gelernt haben, dass alleine Sie das Recht haben, über Ihre Zeit, Ihre Handlungen oder Ihr Wissen zu bestimmen, laufen Attacken dieser Art umgehend ins Leere.

Lassen Sie mich an einem kleinen Beispiel zeigen, wie viel dieses Prinzip der inneren Abgrenzung im Alltag verändern kann. Nehmen wir einmal an, Sie versuchen, irgendein beliebiges Ziel zu erreichen. Dummerweise gibt es aber ein Gesetz, das Ihren Handlungsspielraum dermaßen einschränkt, dass das Ziel unerreichbar wird. Stellen Sie sich jetzt vor, dass Ihnen dieses Gesetz nicht bekannt wäre. Würden Sie es zu Ihrem Vorteil übertreten, ohne dabei jemand anderem zu schaden: Hätten Sie dabei ein schlechtes Gewissen?

Dann lassen Sie uns diesen Gedanken weiter verfolgen. Wie sieht es aus, wenn Ihnen ein Angreifer diese Regelung ganz gezielt zur Kenntnis bringt? Wieder vorausgesetzt, dass niemand anderer dabei zu Schaden käme: Schränkt dieses plötzlich erlangte Wissen jetzt Ihre Möglichkeiten ein? *Schreiben Sie es bitte in Ihr Heft.*

Verstehen Sie mich richtig. Ich möchte Sie hier nicht auffordern, Gesetze zu übertreten. Ich möchte Ihnen aber Folgendes bewusst machen:

Manchmal ist es besser, sich auch gegenüber Wissen abzugrenzen.

Was wäre, wenn ein Angreifer Ihnen eine Regel aufzeigte, die es in Wirklichkeit überhaupt nicht gibt? Er könnte sich hierdurch einen unschätzbaren Vorteil verschaffen. Denn er hätte bewusst ein vermeintliches Gesetz konstruiert, das zwar Sie einschränkt, ihn aber nicht. In Asien hat man dazu aus gutem Grund einen weisen Satz formuliert:

> »Wenn jemand dir sagt, dass etwas unmöglich ist, dann denke daran: Es sind seine Grenzen. Nicht deine.«

Wie alle in diesem Buch vorgestellten Prinzipien beginnt auch das Prinzip der Abgrenzung bei Ihnen: Sie selbst müssen es anwenden. Das ist aber insofern logisch, als Sie ja auch eine Rüstung sich selbst und nicht Ihrem Gegner anziehen würden.

Um für alltägliche Angriffe gerüstet zu sein, braucht es als Erstes Ihre Bereitschaft, alte, vielleicht seit Jahren gelebte Ansichten über Bord zu werfen und durch völlig neue zu ersetzen. Das ist, wie ich immer wieder feststelle, gar nicht so einfach. Vor allem dort nicht, wo Emotionen ins Spiel kommen.

Versetzen Sie sich bitte einmal in eine Situation, in der einer Ihrer Mitarbeiter aus Unachtsamkeit eine heikle Aufgabe dermaßen verpatzt hat, dass Sie als Folge womöglich einen Kunden verlieren. Anstelle einer Entschuldigung meint der Betroffene nur: »Warum haben Sie es denn nicht selbst gemacht, wenn Sie so gescheit sind?« Ganz spontan: Wie reagieren Sie? Sehr wahrscheinlich mit großem Ärger. Zwar scheint dies auf den ersten Blick die verständlichste Reaktion zu sein, aber ist Ärger hier tatsächlich angebracht? Ich habe einmal in einer solchen Situation einer Coaching-Kundin geraten, sich bewusst nicht zu ärgern. Die Dame sah mich daraufhin verwundert an und meinte: »Der werte Kollege hat mir gerade die Aufbauarbeit von drei Monaten zunichtegemacht. Und da soll ich mich jetzt nicht darüber ärgern?« Ich erinnere mich noch gut an das Gesicht der Kundin, als ich ihr antwortete: »Selbstverständlich steht es Ihnen frei, jeden Zorn der Welt zu verspüren. Aber darf ich Sie fragen, was genau Ihnen das bringt?«

Was geschehen war, erklärte ich ihr, könne sie bei aller Wut ohnehin nicht mehr rückgängig machen. Und die Einzige, der sie mit ihrem Zorn schade, sei sie selbst. Nach kurzer Bedenkzeit gab sie mir schließlich recht.

Mit unserem Zorn schaden wir uns in erster Linie selbst.

Ich finde es immer wieder aufs Neue faszinierend, wie ungehalten manche Menschen reagieren, wenn man sie vor unnützen, ja durchaus schädlichen Emotionen bewahren möchte! Aber genau darum geht es im Prinzip der Abgrenzung: fremde Handlungen gezielt von den eigenen Reaktionen zu trennen. Zu verstehen, dass eine unerwünschte Emotion in mir nicht deshalb entsteht, weil jemand anderer etwas tut, sondern weil ich selbst die Voraussetzungen dafür geschaffen habe, emotional zu reagieren.

Lassen Sie mich an dieser Stelle noch einmal ganz deutlich darauf hinweisen, dass Sie ohnehin nicht aufgrund von Tatsachen handeln, sondern alleine aufgrund dessen, was Sie für Tatsachen halten. Andernfalls gäbe es nämlich keine ärgerlichen Missverständnisse. Sie könnten sich also unmöglich über etwas ärgern, das Sie lediglich falsch verstanden haben. Schließlich hat es der andere weder gesagt noch gemeint …

> Jedem steht es frei zu tun, was er möchte. Und jedem steht es frei, darauf zu reagieren, wie er will.

Nun hängt, wie schon im ersten Kapitel geschrieben, die Fähigkeit, sich gegenüber einem Angriff abzugrenzen, zuallererst davon ab, in welcher emotionalen Ausgangslage wir uns befinden, wenn der Gegner kommt.

Das folgende Beispiel ziehe ich immer wieder gerne heran, um zu verdeutlichen, dass jeder Angriff wirkungslos bleibt, wenn der Angegriffene nicht in der Stimmung für einen Kampf ist. Stellen Sie sich einmal vor, Sie sitzen entspannt in einem hellen, freundlichen Zimmer. Sie haben soeben ausgezeichnet gegessen, im Hintergrund spielt leise Musik. Sie haben die Augen geschlossen, und die Situation, in der Sie sich befinden, könnte von Ihnen aus ewig andauern. Auf einmal betritt jemand ohne Klopfen den Raum. Er baut sich vor Ihnen auf und versucht, Sie mit einem offensichtlich konstruierten Vorwurf zu einem Streit zu bewegen. Wenn Sie nun in Ihrer Mitte ruhen und überhaupt keine Lust auf eine Auseinandersetzung haben: Wie groß ist die Wahrscheinlichkeit, dass der Angreifer Erfolg hat und Sie in einen Streit hineinzieht? *Schreiben Sie es in Ihr Heft.*

Lassen Sie uns nun die Szene wechseln. Folgen Sie mir dazu bitte in ein kahles, zugiges Büro. In dessen Mitte steht ein überfüllter Schreibtisch, dessen bloßer Anblick in Ihnen schon ein Gefühl der Überforderung auslöst. Sie knallen hinter sich die Tür zu, denn gerade haben Sie einen bösen Streit mit einem Kunden gehabt. Abgesehen davon, dass der Urlaub, auf den Sie sich bereits seit einem Jahr gefreut haben, vor zehn Minuten abgesagt wurde, hassen Sie Ihren Job und dieses ganze verdammte Leben. Wieder betritt jemand, ohne zu klopfen, den Raum, um mit Ihnen zu streiten. Wird es ihm diesmal gelingen? *Schreiben Sie es bitte auf.*

Bevor Sie jetzt weiterlesen, versetzen Sie sich bitte noch einmal ganz gezielt zuerst in die erste, ruhige Situation und dann in die zweite, hektisch aggressive. Lassen Sie beide jeweils möglichst plastisch vor Ihrem geistigen Auge entstehen. Sobald Sie in der vorgestellten Situation angekommen sind, achten Sie ganz bewusst darauf, wie Ihr Körper auf die unterschiedlichen Vorstellungen reagiert, und *notieren den Befund in Ihrem Heft.* Wo käme Ihnen ein bereinigender Streit mehr gelegen? *Unterstreichen Sie* die entsprechende Situation.

Nun stellt sich die Frage, wie, wenn nicht mit Zorn, Sie denn sonst auf die Umstände im zweiten Beispiel reagieren sollen? *Schreiben Sie bitte eine mögliche Antwort in Ihr Heft.*

Es ist an dieser Stelle wichtig zu verstehen, dass die Frage, in welchem Zimmer Sie sich befinden, nichts damit zu tun hat, was rund um Sie herum geschieht. Denn auch wenn der dringend benötigte Kredit geplatzt ist, der Jobwechsel nicht wie gewünscht funktioniert oder auch sonst alles danebengeht: Das ist noch lange kein Grund zuzulassen, dass es Ihnen schlecht geht.

> Ohnehin sollten äußere Umstände nie in der Lage sein, uns aus unserem inneren Gleichgewicht zu bringen.

Warum können Sie nicht – egal, was Ihnen gerade widerfährt – in dem warmen hellen Zimmer sitzen bleiben, in dem es Ihnen gutgeht?

Glauben Sie mir eines: Die Menschen in Ihrer Umgebung haben ein sehr feines Gespür dafür, wann Sie für einen Streit anfällig sind, und nutzen solche Situationen oft beinhart aus.

> Machen Sie es sich also unbedingt zur Gewohnheit, sich mental abzugrenzen, bevor Sie sich in eine Situation begeben, in der Sie wie auch immer gearteten emotionalen Attacken ausgesetzt sind.

Gleichzeitig können und sollten Sie durch ehrlich gelassenes Auftreten Ihrem Gegenüber von Anfang an klar kommunizieren, dass Sie keine Lust auf wie auch immer geartete emotionale Verwicklungen haben.

Ein beeindruckendes Beispiel dafür, wie man sich von vornherein abgrenzt, habe ich einmal erlebt, als ich als Reiseleiter eine Veranstaltung mit mehreren tausend Menschen mitorganisiert habe. Da wir die größte Herausforderung darin sahen, so viele Personen in möglichst kurzer Zeit zu verpflegen, trafen wir uns am Vortag mit dem Caterer. Dieser sicherte zu, alle Teilnehmer in zwei Schichten innerhalb von knapp eineinhalb Stunden mit einem Getränk sowie einem aus einem Paar Würstchen, einem Brötchen und einer Packung Sandwiches bestehenden Menü zu versorgen. Er forderte uns auf, mit den jeweiligen Gruppen unbedingt pünktlich einzutreffen, und sagte dann an den Veranstalter gewandt: »Wenn das in dieser Zeit klappen soll, dann gibt es keinerlei Extrawürste, nur damit Sie das von vornherein wissen. Wenn also jemand fragt, ob er eine zweite Semmel bekommen kann, dann sagen wir: ›Ja, ja!‹, aber es wird sich nichts bewegen.« Das nenne ich Abgrenzung!

Wie diese Anekdote schön zeigt:

> Es erfordert manchmal sowohl Bewusstsein als auch Mut, die eigene Welt gegen Ungemach abzuschirmen.

So hatte auch ich immer wieder Diskussionen mit Menschen, die nicht verstehen konnten oder wollten, dass ich am Abend über gewisse Dinge nicht sprechen möchte, weil ich diese dann in meinen Schlaf und meine Träume mitnehme. Auch wenn es hier am Anfang durchaus Widerstand gab, haben mittlerweile alle, mit denen ich die späten Stunden des Tages verbringe, akzeptiert, dass ich um diese Zeit mit manchem einfach in Ruhe gelassen werden möchte.

Mit einer Absichtsbekundung ist es oft leider noch nicht getan. Denn emotionale Angriffe lauern auch an Ecken, an denen wir sie gar nicht vermuten würden. Richtig bewusst geworden ist mir dieser Mechanismus das erste Mal, als ich vor vielen Jahren unterwegs in Asien war. Mangels Internet konnte ich lange Zeit keine Nachrichten hören oder lesen. Nach meiner Rückkehr fühlte ich mich richtig »ausgehungert« nach Neuigkeiten, ging in ein Kaffeehaus und wühlte mich durch alte Zeitschriften und Magazine. Irgendwann fiel mir auf, dass ich mich über Vorkommnisse ärgerte, die schon lange vorbei waren und mit meinem aktuellen Leben überhaupt nichts mehr zu tun hatten. Und doch emotionalisierten mich diese Nachrichten genauso, als sei ich vom Inhalt der Meldungen direkt betroffen.

> Bitte nehmen Sie sich stets die Zeit zu überprüfen, ob Sie eine schlechte Nachricht wirklich betrifft oder ob Sie sich völlig unnötig über sie ärgern.

Mit Sicherheit ist es auch Ihnen schon passiert, dass Sie sich über etwas aufgeregt haben, das sich in einem Land zugetragen hat, zu dem Sie gar keinen Bezug haben.

> Die Ursache hat dieser Effekt in einem Fehler unseres Gehirns, das nicht unterscheiden kann, ob wir etwas tatsächlich erleben, uns daran erinnern oder es uns nur vorstellen.

Und so bringt uns plötzlich die Berichterstattung über die angeblichen oder tatsächlichen Menschenrechtsverletzungen eines fernöstlichen Regimes genauso in Wallung, als wären wir persönlich davon betroffen. Wie schon gesagt: Es geht hier nicht darum, Probleme zu ignorieren, aber wem nutzt denn Ihr Ärger? Leider funktioniert gerade diese Art der emotionalen Manipulation sehr gut. Das erkennt man beispielsweise auch daran, dass viele Menschen Militärschläge selbst dann richtig finden, wenn von diesen außergesetzlichen, gezielten Tötungen unschuldige Zivilisten betroffen sind. Gleichzeitig verstehen diese Menschen aber auch, dass Terroranschläge selbst dann unter allen Umständen zu verurteilen sind, wenn sich diese gegen jene Soldaten richten, welche die illegalen Tötungen durchführen.

Nehmen Sie bitte eine beliebige Nachrichtenquelle, und *schreiben Sie in Ihr Heft* daraus fünf beliebige Ereignisse, auf die Sie emotional reagiert haben. *Schreiben Sie dann jeweils dazu,* welchen Vorteil es Ihnen gebracht hat, von diesen erfahren zu haben.

Notieren Sie schließlich daneben, wem es tatsächlich etwas bringt, Sie auf diese Art ganz bewusst emotionalisiert zu haben.

Beobachten Sie einmal in den nächsten Tagen, welche Wirkung auch scheinbar belanglose Botschaften auf Ihr Wohlbefinden haben. Vielleicht folgen Sie dann ja meinem Beispiel und gewöhnen es sich an, nur in der Frühe die Nachrichten zu lesen und nicht am Abend – und am besten auch erst dann, wenn Sie all jene Aufgaben erledigt haben, die Ihre volle Konzentration erfordern. Ansonsten empfehle ich Ihnen: Lernen Sie unbedingt, Botschaften nur selektiv in Ihr Bewusstsein zu lassen und nicht immer alles bereitwillig zu konsumieren, was Ihnen angeboten wird.

Es hat, wie bereits gesagt, nichts mit mangelndem Mitgefühl zu tun, nicht immer alles wissen zu wollen. Aber wie sagt ein altes Sprichwort so schön? Geteiltes Leid ist halbes Leid. Stellt sich nur die Frage, was dann mit der anderen Hälfte des Leides passiert? Nicht nur einmal habe ich erlebt, dass eine Sache mich am Ende mehr beschäftigt hat als die Person, die sie ursprünglich betroffen hat.

> Meiner Meinung nach ist die beste Art der Abgrenzung, in genau dem Moment und an genau jenem Ort zu leben, an dem wir gerade sind.

So erzählt man sich in Shaolin von einem Meister, dessen Schüler zwar bereits vor langem Erleuchtung erfahren hatte, aber dennoch nicht in der Lage war, den Zustand des höchsten Bewusstseins zu halten. Also wandte er sich an seinen Lehrer und fragte: »Meister, wie kann ich diesen letzten Schritt tun?« Der Meister antwortete: »Ich kenne einen König in einem entfernten Land, der ständig im höchsten Bewusstsein lebt. Gehe zu ihm und frage ihn, ob er dir sein Geheimnis verrät.« Der Schüler machte sich auf den Weg. Als er endlich sein Ziel erreicht hatte, trat er vor den König, grüßte ihn von seinem Meister und fragte ihn, ob er bereit sei, ihm das Geheimnis zu verraten, wie man ständig im höchsten Bewusstsein bleibe.

Der König sagte: »Wenn das so ist, will ich dir gerne mein Geheimnis verraten. Zuvor aber musst du dich einer Prüfung unterziehen, damit ich auch sicher sein kann, dass du würdig bist, es zu erfahren. Aber wisse, die Prüfung ist gefährlich und kann dich dein Leben kosten.« Der Schüler erwiderte: »Ich habe alles erreicht im Leben, aber ohne diesen letzten Schritt bedeutet es mir nichts. Wenn es mein Leben kostet, so ich bin bereit.«

Der König erklärte ihm, worin die Prüfung bestand: »Du gehst vor den Palast und bekommst eine Schüssel, die randvoll mit Wasser gefüllt ist. Deine Aufgabe ist es nun, diese einmal um den Palast zu tragen. Aber Vorsicht! Hinter dir geht mein Scharfrichter mit gezogenem Schwert. Verschüttest du auch nur einen einzigen Tropfen, so schlägt er dir den Kopf ab.«

Der Schüler ging vor den Palast, erhielt eine Schüssel randvoll mit Wasser und trug sie Schritt für Schritt in höchster Konzentration um den Palast. Hinter ihm hörte er den Scharfrichter des Königs und wusste, wenn er auch nur einen einzigen Tropfen verschüttete, wäre sein Leben zu Ende. In höchstem Maße konzentriert, gelang es ihm, die Schüssel einmal um den ganzen Palast zu tragen, ohne einen Tropfen zu verschütten.

Erleichtert trat er vor den König und sagte: »Du siehst, ich lebe noch und habe die Prüfung bestanden. Bist du nun bereit, mir dein Geheimnis zu verraten?« Der König antwortete: »Ich bin bereit. Aber du kennst mein Geheimnis bereits. Ich mache es genauso wie du gerade, nur eben ständig!«

> Wir selbst, so lehrt uns das Prinzip der Abgrenzung, erschaffen uns unsere Welt durch die Frage, wohin wir unsere Aufmerksamkeit lenken.

Richten wir sie auf die Handlungen unseres Gegners, so geben wir diesem dadurch Macht. Richten wir sie aber auf uns selbst, so gehen selbst hundert Schmähungen ungehört an uns vorüber.

Übungen

Die Beschäftigung mit den folgenden Fragen soll Ihnen dabei helfen, sich emotional von Ihrem Umfeld abzugrenzen.

Ist es wichtig, was der Ihnen unbekannte Sitznachbar im Zug über Sie denkt? Warum?

_____

_____

_____

_____

Womit sind Sie besonders leicht zu verletzen?

_____

_____

_____

_____

Wie werden Sie sich von nun an dagegen schützen?

_____

_____

_____

ÜBUNGEN

Welche Voraussetzungen braucht es, damit Sie sich
so richtig wohl fühlen?

_____

_____

Wie können Sie sich gezielt ein solches Umfeld schaffen?

_____

_____

Sollten Sie es erfahren, wenn die Nachbarin, mit der Sie
sich sehr gut verstehen, sich mit ihrem Mann streitet?

_____

_____

Wie reagieren Sie, wenn jemand Ihnen davon erzählt?

_____

_____

Wo lebt jemand, der nicht im Hier und Jetzt lebt?

_____

_____

Wenn ich ganz klar bin,
ist das, was ist,
das, was ich will.

(Aus Asien)

3

Das Prinzip der Erwartungslosigkeit

Im Unglück finden wir meistens die Ruhe wieder,
die uns durch die Furcht vor dem Unglück
geraubt wurde. (Marie von Ebner-Eschenbach)

Lerne, dein Tun von Erwartungen zu befreien

Drei Brüder, so erzählt eine alte Geschichte, verließen eines Tages ihr Elternhaus, um ihr Glück in der Ferne zu suchen. Allen dreien war Erfolg beschieden, und als sie einander eines Tages auf dem Weg nach Hause begegneten, erzählte jeder, was er mit seinem Geld für ihre Mutter getan hatte.

Der älteste Bruder berichtete: »Ich habe vor einiger Zeit für Mutter ein großes Haus bauen lassen.« Der mittlere Bruder erzählte: »Ich habe einen großen Garten für sie anlegen lassen, damit sie immer frisches Gemüse und Früchte aus eigenem Anbau hat.« Der jüngste Bruder sagte: »Ihr wisst doch, dass Mutter so gerne im Daodejing von Laozi gelesen hat. Da ihre Augen jedoch nicht mehr gut sind und sie nicht mehr lesen kann, habe ich ihr einen außergewöhnlichen Papagei gekauft, der das gesamte Buch aufsagen kann. Zwanzig Jahre lang haben kompetente Fachleute mit diesem Vogel gearbeitet, bis er alle Verse aus dem Buch hersagen konnte. Es gibt keinen zweiten Vogel wie diesen. Mutter muss nur die Nummer einer Strophe nennen, und schon zitiert der Papagei sie fehlerfrei!«

Noch während die drei Brüder unterwegs waren, erreichte sie per Post ein Dankesbrief ihrer Mutter. »Lieber Wang«, schrieb sie dem ältesten Sohn, »das Haus, das Du mir hast bauen lassen, ist sehr groß. Ich benutze nur ein Zimmer und habe große Mühe, es sauber zu halten.«

»Lieber Han«, schrieb sie an den zweiten Sohn, »ich bin zu alt für die Gartenarbeit. Deshalb kaufe ich Gemüse und Früchte auf dem Markt, und der Garten beginnt zu verwildern.« – »Lieber Zeng«, schrieb die Mutter ihrem jüngsten Sohn, »Du hast ein gutes Gefühl dafür, was Deine Mutter braucht! Der kleine Gockel, den Du mir geschickt hast, hat wunderbar geschmeckt!«

Versetzen Sie sich bitte einmal in die Situation des jüngsten Sohnes, und *schreiben Sie spontan in Ihr Heft,* welche Gedanken und Gefühle Ihnen durch den Kopf gehen. Vergegenwärtigen Sie sich noch einmal, dass die Mutter den Papagei, den Sie mühsam und für viel Geld erworben haben, damit er ihr Sinnsprüche aus einem Buch vorsagt, einfach getötet und gegessen hat! Ich nehme an, Sie würden sich in dieser Situation nicht sonderlich wohl fühlen.

Sehen Sie die Sache jetzt einmal aus Sicht der Mutter. Stellen Sie sich vor, wie Sie ihr entsetzt erklären, was der eigentliche Zweck des Geschenkes gewesen ist. Glauben

Sie tatsächlich, die Dame würde Ihren Unmut verstehen? *Notieren Sie bitte daneben,* wie es ihr wohl geht, wenn sie Ihre Version der Geschichte hört, und unterstreichen Sie, wer von Ihnen beiden sich am Ende wohl besser fühlt. Ist nicht anzunehmen, dass es die Mutter ist?

Für mich zeigt diese Geschichte sehr schön, in welchem Ausmaß jemand, der unsere Erwartungen an sein Verhalten nicht erfüllt, unser Wohlbefinden kontrollieren kann.

> Wer nicht tut, was wir erwarten, beeinträchtigt am Ende uns.

Schließlich ist die eigentliche Enttäuschung des dritten Sohnes nicht, dass der Hahn nicht mehr am Leben ist. Das ist auch nicht die Pointe der Geschichte. Die Emotion im Leser oder Zuhörer rührt vielmehr daher, dass jemand sich nicht so verhält, wie wir es erwarten! Hätten Sie der Mutter anstelle des Sohnes ebenjenen Hahn mit der Aufforderung geschenkt, ihn sich am Sonntag doch schön knusprig zu braten, wären Sie umgekehrt enttäuscht gewesen, wenn ihn die Dame mit dem Hinweis, so ein herziges Tier nicht töten zu können, dem benachbarten Zoo geschenkt hätte.

Auch wenn es uns nur in sehr wenigen Fällen wirklich bewusst ist, verfolgen wir mit fast jeder Handlung ein Ziel.

> Alles, was wir tun, tun wir mit der Absicht, unser Gegenüber dadurch zu einer bestimmten Gegenhandlung zu bewegen.

| DAS PRINZIP DER ERWARTUNGSLOSIGKEIT |

So logisch dieses Verhalten scheint, so problematisch wird es, wenn ein Gegner unsere Erwartungen auszunutzen beginnt. Diesen Sachverhalt hat die berühmte Komikertruppe Monty Python in einen legendären Sketch gefasst. Darin kommt ein Mann zu einem Schalter bei einer Behörde, wo er einen Streit kaufen möchte. Da er sich bereits einmal im Zimmer geirrt hat und dadurch bei der Beschimpfung gelandet ist, legt er dem zuständigen Beamten mit folgender Frage einen Geldschein auf den Schalter: »Kann ich bei Ihnen einen Streit kaufen?« Der Typ hinter dem Schalter steckt das Geld ein, ohne aufzublicken, und sagt nur: »Das habe ich Ihnen gerade gesagt!« Daraufhin wird der Kunde aggressiv: »Nein, das haben Sie nicht.« Und schon geht der Streit los.

Warum ich Ihnen diesen Sketch hier schildere?

> Weil der Ärger über nicht erfüllte Erwartungen immer alleine unser eigener ist.

Handelt ein Gegner nämlich absichtlich oder unabsichtlich nicht so, wie wir uns das vorstellen, dann geht es nicht ihm schlecht, sondern uns. Wie der Mann hinter dem Schalter weiß er schließlich, was er tut.

> Jeder Angreifer aber, der Ihre Erwartungen kennt, hat dadurch direkten Zugriff auf Ihr Wohlgefühl und auf Ihre Emotionen.

Denken Sie nur einmal an eine Situation, in der Sie mit einem Gruß auf den Lippen ein Geschäft betreten. Anstatt freundlich zurückzugrüßen, starrt die Verkäuferin nur schweigend aus dem Fenster. Ich nehme einmal an, dass Sie dieses Verhalten ärgert. Aber warum? *Schreiben Sie es bitte auf.*

Nun höre ich in diesem Zusammenhang immer wieder, dass Erwartungen doch gewissermaßen etwas Selbstverständliches seien. Ein Arbeitgeber beispielsweise, der einen bezahlten Angestellten mit etwas beauftrage, könne doch wohl zumindest erwarten, dass der Auftrag auch in seinem Sinne erledigt werde! Lassen Sie es mich so formulieren: Erwarten darf der Arbeitgeber es selbstverständlich. Aber was bringt ihm das, wenn der Mitarbeiter am Ende trotzdem nicht arbeitet, wie er soll?

In diesem Zusammenhang fällt mir gern etwas ein, das mir vor einigen Jahren in Thailand passiert ist. Ich hatte die Grenze von Kambodscha an einem Ort überquert, der damals nur von wenigen Reisenden frequentiert wurde. Daher sah es mit Busverbindungen in andere Städte schlecht aus, und ich musste einen anderen Weg finden, um zum nächsten Bahnhof zu gelangen. Nach einiger Zeit des Wartens hielt schließlich ein Autofahrer, der mir anbot, mich mitzunehmen. Wir vereinbarten einen Betrag, für den er mich in die nächste große Stadt zum Bahnhof bringen würde. Ein gutes Stück vor dem Ziel meinte der Fahrer plötzlich, für dieses Geld sei ihm die Strecke doch zu weit. Entweder solle ich mehr bezahlen, oder er werde mich einfach woanders absetzen, und ich müsse dann selbst schauen, wie ich von dort weiterkäme. Als ich auf unserer Vereinbarung beharrte, entspann sich eine Diskussion, im Laufe derer ich den Mann ersuchte, mich doch zur nächsten Polizeistation zu bringen. Dort hoffte ich, Unterstützung für meine Position zu erhalten. In diesem Moment schien dem Thai die Sache unangenehm zu werden. Plötzlich erklärte er sich bereit, mich auch ohne Aufpreis zum ursprünglich vereinbarten Ziel zu bringen. Erfreut, dass meine Drohung offensichtlich Wirkung gezeigt hatte, stimmte ich zu. Am Bahnhof angekommen, nestelte der Fahrer nervös an seiner Geldbörse herum und entnahm ihr schließlich einen Ausweis, auf dem in großen Lettern das Wort »Polizei« prangte.

Gelernt habe ich aus diesem Vorfall, dass unsere Drohungen stets auf unseren eigenen Ängsten und Erwartungen basieren. Denn tatsächlich hatte der Mann nicht wie angenommen aus Angst vor Ärger mit den Behörden eingelenkt, denen er selbst angehörte, sondern weil ich ihn bei seinem Ehrgefühl getroffen hatte. Anders gesagt: Er hätte mich durchaus auch auslachen und einfach aussteigen lassen können.

Jetzt denken Sie möglicherweise, dass man doch gerade in anderen Ländern immer mit so etwas rechnen müsse. Eine Einstellung, die ich mir bereits vor vielen Jahren aus zweierlei Gründen abgewöhnt habe. Erstens, weil sie meiner Meinung nach falsch ist. Menschen, so hat mich das Leben gelehrt, sind nicht gut oder böse, weil sie einer bestimmten Rasse oder Nation angehören, sondern weil sie sind, wie sie sind. Zweitens, und das scheint mir noch viel wichtiger, schadet mir die Haltung, anderen etwas Schlechtes zuzutrauen, selbst am meisten. Denn wenn ich ständig davon ausgehe, immer und überall betrogen, bestohlen oder in anderer Weise benachteiligt zu werden, dann strahle ich das nicht nur aus, sondern es macht mich auf die Dauer seelisch und irgendwann auch körperlich kaputt.

> Misstrauen trifft immer zuerst denjenigen, der es empfindet.

Gleichzeitig verändert die Erwartung unsere Wahrnehmung, und wenn wir nicht aufpassen, sehen wir uns plötzlich nur noch vom leibhaftigen Bösen umgeben.

Der chinesische Philosoph Lü Bu Wei erzählt dazu die folgende Geschichte, die ich für diesen Sachverhalt beispielhaft finde: Einst hatte jemand eine Axt verloren. Er hatte seines Nachbars Sohn in Verdacht. Er beobachtete die Art, wie er ging: Es war die Art eines Axtdiebes; seine Mienen: es waren die eines Axtdiebes; seine Worte: es waren die eines Axtdiebes; seine Bewegungen und sein ganzes Wesen, alles was er tat: alles war die Art eines Axtdiebes. Zufällig grub er dann einen Graben und fand seine Axt. Am anderen Tag sah er wieder seines Nachbars Sohn, alle seine Bewegungen und sein ganzes Wesen glichen nicht mehr der Art eines Axtdiebes.

Sein Nachbarssohn hatte sich nicht verändert. Der Mann selbst hatte sich verändert.

Stellen Sie sich nun einmal vor, welchen Stress der Mann gehabt hätte, wenn er sich eingebildet hätte, der Nachbarjunge wäre ein gesuchter Serienmörder!

In Shaolin habe ich gelernt:

Hör auf zu erwarten!

Denn auch ein achtsamer Kämpfer erwartet von seinem Gegner weder das Beste noch das Schlechteste. Er erwartet vielmehr gar nichts und ist daher jederzeit bereit, den anderen so zu nehmen, wie er gerade ist.

Auch abseits vom Kampf ist Erwartungslosigkeit eine Tugend, die in Shaolin sehr hoch gehalten wird. Schon Buddha hatte seinen Mönchen mit auf den Weg gegeben, das Gute um des Guten Willens zu tun und nicht deshalb, weil sie dafür eine Gegenleistung erwarteten.

> Auch Erwartung, so hatte Siddharta erkannt, ist eine Form der Gier, die am Ende nur zu Leid führt.

Was uns das lehrt? Vereinfacht gesagt, gemahnt uns das Prinzip der Erwartungslosigkeit, unsere Handlungen von damit verbundenen Zielen zu trennen.

Das klingt jetzt zunächst abstrakt. Doch nehmen wir als Beispiel eine Entschuldigung. Angenommen, Sie hatten mit Ihrem Partner oder Kollegen einen veritablen Streit. Nun möchten Sie – auch für Ihren persönlichen Seelenfrieden – die Angelegenheit wieder in Ordnung bringen. Sie gehen also zum Kollegen und sagen ihm, dass Ihnen Ihr Verhalten leidtue und Sie daher um Verzeihung bäten. Ihre bösen Worte seien nicht so gemeint gewesen, wie sie geklungen hätten, es sei mit Ihnen durchgegangen. Ganz ehrlich: Welche Reaktion erwarten Sie jetzt? Oder anders gefragt: Wie reagieren Sie, wenn Ihr Gegenüber die Entschuldigung einfach mit den Worten »Ist schon in Ordnung!«, annimmt, ohne selbst ein Fehlverhalten einzugestehen und dafür seinerseits um Verzeihung zu bitten?

Schreiben Sie es auf. Andererseits stellt sich natürlich die Frage, welchen Wert Ihre Entschuldigung hat, wenn Sie diese eigentlich verbunden mit einer Erwartungshaltung vorbringen.

> Interessanterweise ist der Gedanke, etwas nur zu tun, um etwas anderes dafür zu bekommen, mittlerweile in erstaunlich vielen Lebensbereichen zu beobachten.

So haben die meisten Menschen offenbar verlernt, Dinge einfach zu tun, weil sie ihnen Freude machen. Ist das nicht ein viel besserer Grund? *Bitte notieren Sie in Ihrem Heft,* wann Sie zuletzt etwas nur deshalb getan haben, weil es Ihnen Freude gemacht hat.

Viel wichtiger erscheint heute immer die Frage, was man denn als Gegenleistung erwarten könne. Eine Idee, die nie wirklich meine war. Weshalb mein Umfeld häufig erstaunt darauf reagiert, dass ich nicht immer vorher frage, was bei einer Sache am Ende für mich herausspringt.

Wer denkt wie ich, der sollte natürlich auch akzeptieren können, dass er am Ende zumindest in finanzieller Hinsicht möglicherweise leer ausgeht. Ich muss aber ehrlich sagen, dass ich selbst dort, wo ich für meine Leistung nicht direkt bezahlt worden bin, noch nie das Gefühl hatte, etwas wirklich umsonst gemacht zu haben. Haben denn

Erfahrung, Freude und neue Perspektiven, die wir bei allem, was wir tun, gewinnen, nicht auch einen beträchtlichen Wert?

Erwartung hat aber noch einen weiteren, nicht immer ganz so offensichtlichen Nachteil. Sie verhindert nämlich, dass wir erkennen können, worauf es unserem Gegner eigentlich ankommt. Schließlich glauben wir ohnehin, es bereits vorher zu wissen. Wohin diese Einstellung führen kann, hat der Autor Douglas Adams einmal sehr treffend beschrieben: »Da man uns gesagt hatte, Indonesien könne man nur in einem Gemütszustand äußerster Gelassenheit in Angriff nehmen, beschlossen wir, es damit zu versuchen. Wir versuchten, dem Mann gelassen klarzumachen, dass auf unseren Tickets, genau genommen, ›bestätigt‹ stehe, woraufhin er uns erklärte, ›bestätigt‹ bedeute, genau genommen, gar nicht bestätigt, sondern werde lediglich auf Wunsch gewisser Leute aufs Ticket geschrieben, weil man sich so eine Menge Mühe spare und die Leute dazu bringe wegzugehen.«

> Wirklich hinderlich wird Erwartung in unserem Leben dort, wo wir uns darauf versteifen, dass eine Sache auf eine exakt bestimmte, von uns selbst vorgegebene Art passieren muss.

So erzählt man sich in Shaolin, dass eines Tages ein kleines Dorf von einem furchtbaren Hochwasser überschwemmt wurde. Einem Mann war es gelungen, sich auf das Dach seines Hauses zu retten, und er flehte Buddha um Hilfe an. Das Wasser stieg und erreichte bereits seine Füße. Da kam ein Boot, und die Insassen riefen dem Mann zu: »Komm! Steig ein! Wir retten dich!« Der Mann aber schüttelte den Kopf und sagte: »Nein, ich vertraue auf Buddha. Er wird mich retten.« Da fuhr das Boot weiter. Das Wasser stand dem Mann mittlerweile bis zu den Knien, als ein zweites Boot vorbeikam. Die Insassen entdeckten den Mann in seiner Not und riefen ihm zu: »Komm, steig ein! Du wirst sonst ertrinken!« Der Mann aber lächelte, schüttelte den Kopf und rief ihnen zu: »Buddha wird mich retten! Ich bat ihn um Hilfe.« Da fuhr auch das zweite Boot wieder ab. Nun reichte dem Mann das Wasser bereits bis zum Hals. Obwohl ihn langsam eine gewisse Nervosität packte, vertraute er weiter auf Buddha. Ein drittes Boot erreichte das Haus. Die Insassen entdeckten den Mann und riefen ihm zu: »Um Buddhas willen, steig ein und komm mit uns! Wir holen dich da raus!« Unbeirrt schüttelte der Mann aber auch dieses Mal den Kopf und sagte: »Ich vertraue auf Buddha. Er wird mir helfen!« So fuhr auch dieses Boot weiter. Am Ende ertrank der Mann jämmerlich. Als er nach seinem Tod Buddha begegnete, konnte er mit seiner Enttäuschung nicht hinter dem Berg halten. Verärgert sagte er: »Buddha! Ich habe dir vertraut und dich um Hilfe gebeten! Wieso hast du mir nicht geholfen?« Buddha lächelte und sagte: »Ich habe drei Boote zu deiner Rettung geschickt. Warum hast du keines von ihnen angenommen?«

Ein Beispiel, das schön illustriert:

Erwartung blockiert unsere Fähigkeit zu freiem Denken.

Lassen Sie mich Ihnen diesen Mechanismus kurz an einem weiteren Beispiel zeigen: Zwei Männer kommen bei einer Wanderung an einen breiten Strom, den sie überqueren müssen. Am Ufer liegt ein einziges Boot, welches nur eine Person trägt. Es gibt keine Brücke, kein Seil, und keiner der Männer kann schwimmen. Beide überqueren den Fluss im Boot und setzen dann ihre Reise am anderen Ufer fort. Wie aber tun sie das?

Auf den ersten Blick scheint dieses Rätsel unlösbar. *Nehmen Sie bitte Ihr Heft,* und machen Sie eine Skizze der Situation. Zeichnen Sie den Fluss, das Boot und die Männer. Lesen Sie dann die Geschichte noch einmal, und versuchen Sie festzustellen, ob etwas auf Ihrer Zeichnung nicht der Erzählung, sondern alleine Ihren Annahmen entspringt. Liege ich sehr falsch, wenn ich mutmaße, dass Sie beide Männer auf dieselbe Seite des Flusses gestellt haben in der Erwartung, dass diese miteinander unterwegs sind?

Wichtig ist zu verstehen, dass Ihre Erwartungen und die mit ihnen verbundenen Einschätzungen durchaus weitreichendere Folgen haben. Schließlich treffen Sie ja alle Ihre weiteren Entscheidungen auf Basis Ihrer ursprünglichen Annahmen!

Und als sei das nicht schon genug: Sie verändern durch Ihre Erwartungshaltung und die damit verbundenen Emotionen die Art, in der Sie Ihre Umgebung wahrnehmen.

Auch dazu ein Beispiel, das ich immer wieder gerne heranziehe: Betrachten Sie einmal in Ruhe die folgenden vier

Rechnungen: 18+17=35, 23+16=39, 12+16=38, 19+21=40. Fällt Ihnen etwas auf? Falls ja, *notieren Sie es bitte in Ihrem Heft.* Wenn Sie denken wie die meisten Ihrer Mitmenschen, dann haben Sie gerade aufgeschrieben, dass eine der vier Rechnungen, und zwar die dritte, falsch ist. Was auch den Tatsachen entspricht. Haben Sie aber auch notiert, dass die anderen drei korrekt sind? Oder nehmen Sie so etwas ganz einfach als selbstverständlich an?

Es geht hier weder um »positives Denken« noch darum, nur auf das Gute zu schauen. Wie aber würde ein Shaolin-Mönch diesen Sachverhalt beschreiben? Er würde sagen: »Drei Rechnungen sind richtig und eine ist falsch.« Doch die bei uns leider weitverbreitete Denk- und Formulierungsweise trägt dazu bei, dass wir das Gute und Richtige gar nicht mehr zu schätzen wissen.

> Wir erwarten vieles,
> als sei es selbstverständlich.

Einerseits bringen wir uns selbst auf diese Weise um eine ganze Menge Freude. Denn wie sollen wir uns über etwas freuen, wenn wir es ohnehin genau so erwarten? Andererseits gilt:

> Falsche Annahmen verleiten uns
> zu falschen Entscheidungen.

Stellen Sie sich vor, Sie müssten spontan über die Beförderung zweier Mitarbeiter entscheiden. Bei der Durchsicht der Arbeitsergebnisse der beiden fällt Ihnen auf, dass der eine in den letzten Tagen nur drei Fehler gemacht hat, sein Kollege im gleichen Zeitraum jedoch 17. Für welchen der beiden entscheiden Sie sich? So Ihre Wahl auf den ersten Mann fällt, noch eine kleine Zusatzinformation: Dieser hat nur 21 Datensätze bearbeitet, während sich die 17 Fehler seines Kollegen auf 1458 Datensätze verteilen! Vorgefasste Erwartungen führen uns sehr oft aufs Glatteis. Doch am Ende beeinträchtigen sie nicht nur unsere Entscheidungen: Erwartungen kosten uns ganz allgemein sehr viel Energie. Darf ich Sie beispielsweise darauf aufmerksam machen, dass wir oft davon ausgehen, dass auf etwas Schlechtes immer auch etwas Schlechtes folgt?

Dabei lehrt uns die Erfahrung, dass auf Regen nicht immer nur Regen folgt, sondern irgendwann auch Sonnenschein! Bedenken Sie:

> Emotionen, so schlimm und belastend sie manchmal auch sein mögen, dauern nicht ein ganzes Leben lang. Vielmehr dürfen wir in jeder Minute darauf vertrauen, dass die Gefühle irgendwann wieder vergehen.

So war es auch mit einem Mann, der eines Tages ins Gefängnis kam. Er war ängstlich und niedergeschlagen. Die Mauern seiner Zelle schluckten alle Wärme, die Eisenstäbe grinsten ihn förmlich höhnisch an, und der kalte metallische Glanz der Stahltüren und Gitter verstärkte in ihm das Gefühl der Hoffnungslosigkeit. Das Herz wurde ihm schwer, und er versank in Traurigkeit. Schließlich musste er hier viele Jahre absitzen. Eines Tages sah er, dass jemand am Kopfende seiner Schlafstelle die folgenden Worte in die Mauer geritzt hatte: »Auch das geht vorbei.«

Diese vier Worte halfen ihm, die schwere Zeit durchzustehen, wie sie wahrscheinlich auch seinem Vorgänger Mut gemacht hatten. Gleichgültig, wie schlimm es war, schaute er auf die Inschrift und hielt sich in Gedanken an den Worten fest: »Auch das geht vorbei.« Am Tage seiner Entlassung war er bis ins Innerste durchdrungen von dieser Wahrheit. Er hatte seine Strafe abgesessen, und die Zeit im Gefängnis war tatsächlich vorbei.

Zurück im normalen Leben, trug er diese Worte mit sich. Er schrieb sie auf verschiedene Zettel, die er an der Wand seines Schlafzimmers, seiner Küche, seines Badezimmers, seines Wohnzimmers befestigte, er nahm sie mit zur Arbeit und legte sie in sein Auto. Nie wieder wurde er depressiv, ganz gleich, wie schlecht es ihm auch erging. Denn in schwierigen Momenten dachte er immer: »Auch das geht vorbei.« Die schlechten Zeiten dauerten meist nicht lange, aber auch an gute Momente klammerte er sich nicht, denn für diese galten die gleichen Worte. Und gerade deshalb währten diese Phasen viel länger. Schließlich stellte man bei ihm eine unheilbare Krankheit fest. Aber »Auch das geht vorbei« gab ihm Hoffnung, und diese Hoffnung verlieh ihm die Kraft, eine positive Einstellung zu seiner Lage einzunehmen. Eines Tages bestätigte ihm ein Arzt, dass seine unheilbare Krankheit vollständig verschwunden war.

Als sein Leben sich dem Ende zuneigte, sagte er mit sanfter Stimme zu den geliebten Menschen, die an seinem

Bett standen: »Auch das geht vorbei.« Sein Abschied von dieser Welt verlief in friedlicher Harmonie, und seine letzten Worte waren ein Liebesbeweis an seine Familie und Freunde, die längst von ihm gelernt hatten: Auch die Trauer geht vorbei.

> Ihr größtes zerstörerisches Potenzial
> haben Erwartungen naturgemäß dort,
> wo es um die Frage geht,
> was theoretisch passieren könnte.

Dann nämlich wird aus Erwartungen, gemischt mit unserer Fantasie, sehr schnell die nur schwer kontrollierbare Emotion der Furcht.

Ich selbst hatte vor einiger Zeit ein Erlebnis, das mich an diese Tatsache erinnerte. Ich hatte mir, da kein anderes Auto frei war, aus dem Pool eines Unternehmens, für das ich journalistisch tätig bin, einen kleinen zweisitzigen Lieferwagen geliehen. Irgendwann stellte ich fest, dass sich die Beifahrertür nicht öffnen ließ. Das ärgerte mich, denn ich wollte unterwegs einen Stadtführer, der mich zu einer Sehenswürdigkeit führen sollte, zusteigen lassen. Dieser schlug als Treffpunkt einen Ort mitten in der Stadt vor. Die ganze Zeit überlegte ich nun, wie ich wohl am besten erklären sollte, dass er auf meiner Seite einsteigen und dann auf den Beifahrersitz hinüberklettern musste. Zu allem Überfluss sah ich ihn schließlich bei einer Ampel warten. Als ich vor dem Zebrastreifen anhielt, riss ich meine Tür auf, um hinauszuspringen. Doch bevor ich es tun konnte, war er bereits zielstrebig auf das Auto zugegangen. Er öffnete mit einem Ruck die Beifahrertür, nahm neben mir Platz und suchte offensichtlich nach einer Erklärung für meinen etwas ungläubigen Gesichtsausdruck und die offene Tür auf der Fahrerseite. Ich hatte mir ganz umsonst Sorgen gemacht.

Genau genommen ist die Idee, Angst vor etwas in der Zukunft zu haben, geradezu mutwillig verschwendete Zeit. Zum einen ist nicht gesagt, dass das wie auch immer geartete Ereignis, vor dem wir uns ängstigen, überhaupt jemals eintreten wird. In diesem Fall hätten wir uns überhaupt völlig umsonst gefürchtet. Und sollten unsere Erwartungen tatsächlich einmal Wirklichkeit werden: Ist es dann nicht früh genug, um Angst zu haben? Sonst wäre es ja so, als setzten wir unsere Hoffnung geradezu darauf, dass unsere schlimmsten Erwartungen Realität werden. Aber so ist es:

Viele Menschen finden ihre Ruhe erst wieder, wenn das von ihnen erwartete Unglück eingetroffen ist. Wer aber erwartungslos durchs Leben geht, hat seine emotionale Ruhe auch so.

Übungen

Beantworten Sie die folgenden Fragen, um ein Gefühl für Ihre eigenen Erwartungen zu bekommen.

Warum machen Sie jemandem ein Geschenk?

_____

_____

Welchen Sinn hat es, jemandem zu drohen?

_____

_____

Wie viele Minuten halten Ihre Emotionen im Schnitt an?

_____

_____

Was nehmen Sie als selbstverständlich hin? Warum?

_____

_____

_____

_____

_____

ÜBUNGEN

Wann haben Sie das letzte Mal aus einer Erwartungshaltung heraus eine falsche Entscheidung getroffen?

___

___

___

___

___

Dürfen Sie ein Lob für Ihre Leistungen erwarten?

___

___

___

___

___

Wissen Sie immer, was andere Menschen von Ihnen erwarten?

___

___

___

___

Reize das Böse nicht,
und es wird von selbst
verschwinden.

(Laotse)

4
Das Prinzip des Nicht-Tuns

Wenn das, was du sagen willst, nicht schöner ist als die Stille, dann schweige. (Aus China)

Lerne, dass Nicht-Tun Angriff und Verteidigung in einem ist

Abgesehen vom allgemeinen Kulturschock irritiert Europäer, die das erste Mal in Asien reisen, häufig die Art, in der viele Asiaten reagieren, wenn sie angegriffen werden. Nicht nur einmal habe ich erlebt, wie ein Reisegast aus dem Westen auf einen Asiaten einstürmte, um seinem Ärger über ein nicht gemachtes Bett, nicht funktionierendes Internet oder sonstige vermeintliche oder tatsächliche Missstände Luft zu machen. Natürlich erwarteten die Europäer, dass sich der Angegriffene wehrte, doch was bei den meisten Europäern zu lauter Gegenwehr geführt hätte, hatte in Asien häufig eine ganz andere Reaktion zur Folge: Anstatt nämlich genauso emotional zu reagieren wie der Angreifer und sich vehement zu verteidigen, nahm der Asiate den Wutausbruch seines Gegenübers mit einem höflichen, aber distanzierten Lächeln zur Kenntnis. Ganz so, als übermittelte dieser ihm gerade die aktuellen Börsenkurse.

Ich erinnere mich noch gut an eine Szene in einem Guesthouse in Indonesien, in dem ich viele Jahre lang immer wieder zu Gast war. Eines Tages hörte ich dort aus dem Rezeptionsbereich lautes Geschrei. Interessiert näherte ich mich dem Empfang und sah, wie ein Tourist – ich denke, es war ein Niederländer – außer sich vor Zorn auf den Rezeptionisten einbrüllte. Der Grund für den Ärger, so verstand ich nach einiger Zeit, war der Wunsch des Gastes nach einer Decke, über die das Hotel aber aufgrund des heißen Wetters gar nicht verfügte. Der Tourist schimpfte zuerst auf die Unterkunft, dann auf den Mitarbeiter und bedachte schließlich ganz Indonesien und seine Bewohner mit heftigsten Fäkalausdrücken. Gespannt beobachtete ich die Situation, von der ich annahm, dass sie jeden Moment eskalieren würde. Auch wenn der Rezeptionist bis dato immer freundlich gewesen war, wusste ich doch, dass er seit vielen Jahren die indonesische Form des unbewaffneten Nahkampfes Pencak Silat trainierte. Vor meinem geistigen Auge entstand das unschöne Bild einer veritablen Schlägerei. Doch weit gefehlt! Je mehr sich der Europäer in seinen Zorn hineinsteigerte, desto ruhiger wurde sein Gegenüber. Gelassen nahm der Rezeptionist eine Mappe von der Theke und begann, dem Touristen Luft zuzufächeln, während er ihm beschwichtigend zurief: »Meditation! Make meditation, Sir!« Natürlich fachte das nur die Wut des Beschwerdeführers weiter an. Mittlerweile war die Zahl der Zuschauer gewachsen, und der Niederländer fühlte sich wohl in seinem Verhalten bestätigt. Gefangen in seiner Emotion, war er unfähig zu erkennen, dass das unsichere Gelächter der Gruppe nicht dem Asiaten, sondern ihm selbst galt. Während er immer lauter und ausfälliger wurde, fächelte der Indonesier weiter mit der Mappe und behandelte den vor Zorn Bebenden, als handle es sich um einen Kranken, mit dem man auf das Eintreffen der Rettung wartet. Nachdem diese einseitige Auseinandersetzung ein paar Minuten gedauert hatte, glühte der Niederländer förmlich vor Zorn und schlug plötzlich so fest mit der Faust auf die Theke, dass sich die dort liegenden Prospekte auf dem Boden verteilten. Dann verzog er sich mit einigen derben Schimpfworten auf sein Zimmer. Als er gegangen war, sah der Rezeptionist mich an und sagte lächelnd: »Wu Wei.« Ich erwiderte sein Lächeln und nickte. Nicht-Tun. Ein Begriff, der eigentlich aus dem Chinesischen kommt, aber in ganz Asien verstanden wird.

In dieser uralten chinesischen Philosophie, die ihren Ursprung in der Lehre des Daoismus hat, liegt wohl einer der größten Unterschiede zwischen der westlichen und der östlichen Denkweise. Denn während wir Europäer der Meinung sind, jeden Angriff umgehend mit einem Gegenangriff parieren zu müssen, haben die Asiaten schon lange verstanden, dass es anders viel einfacher geht.

> Am besten reagiert man oft,
> indem man nicht reagiert.

Wu Wei bedeutet zu handeln, indem man ganz bewusst nicht handelt. Denn nur, weil jemand anders möchte, dass ich den gleichen Zorn wie er verspüre, muss das ja noch lange nicht so sein, oder? Wann haben Sie sich zuletzt so richtig sinnlos in eine große Wut hineingesteigert? *Bitte notieren Sie es in Ihrem Heft.*

In der Zeit des Kalten Krieges kursierte eine Geschichte, die das Nicht-Handeln wunderbar illustriert. Eines Tages, so erzählte man sich, gab es zwischen den damals verfeindeten Großmächten Amerika und Sowjetunion einen Wettlauf. Der Läufer aus den Vereinigten Staaten entschied den Wettbewerb knapp für sich. Am nächsten Tag titelten entsprechend die amerikanischen Tageszeitungen: »Amerika gewinnt historisches Rennen, Sowjetunion Letzter!« Die Sowjets, so heißt es, reagierten gelassen. Dort stand auf den Titelseiten: »Sowjetunion bei Wettlauf hervorragender Zweiter! USA auf enttäuschendem vorletzten Platz.« Ein Beispiel, das wie auch die Geschichte aus Indonesien schön zeigt:

> Man muss auf einen Angriff nicht immer mit einem Gegenangriff reagieren. Man kann auch einfach einen Schritt zurücktreten und den Gegner damit der Lächerlichkeit preisgeben!

Um zu verstehen, warum das Konzept des Wu Wei gerade für die Vermeidung von Kämpfen so wirksam ist, müssen wir uns eines bewusst machen: Das erklärte Ziel unseres Gegners ist es immer, uns in eine bestimmte Emotion zu bringen.

Wer auch immer Sie auf egal welche Art attackiert, möchte Sie in eine Auseinandersetzung hineinziehen. Bleibt aber nun der erwartete und für einen Kampf benötigte Widerstand einfach aus, bekämpfen wir den Gegner gleichsam mit seiner eigenen Kraft. Und können ihn auf diese Art meist kampflos besiegen.

Lassen Sie mich das noch an einem anderem Beispiel demonstrieren. Stellen Sie sich bitte einmal vor, Sie wären so richtig zornig. Um sich abzureagieren, schlagen Sie mit der Faust so fest Sie können gegen die Wand. Doch als Ihr Schlag auftrifft, stellen Sie fest, dass die Wand nicht wie angenommen aus hartem Holz, sondern aus weichem, nachgiebigem Material besteht, das Ihrer Aggression keinerlei Widerstand bietet. *Schreiben Sie bitte in Ihr Heft,* was in diesem Moment durch Ihren Kopf ginge. Die meisten Menschen, denen so etwas passiert, sind derart überrascht, dass sie ihre Emotion erst einmal vergessen.

Auch in Shaolin kennt man die Technik, gegnerische Angriffe ohne Gegendruck einfach passieren zu lassen. Statt Schläge gegen den eigenen Körper abzufangen, lässt man die Energie einfach bewusst passieren.

Eine Technik, die in unserem Sprachraum sehr anschaulich mit »So etwas geht mir beim rechten Ohr rein und beim linken wieder hinaus« beschrieben wird.

Wenn Sie sich das nächste Mal verbal attackiert fühlen, versuchen Sie einmal Folgendes: Stellen Sie sich vor, der Angriff gelte nicht Ihnen selbst, sondern vielmehr einer Person, die ein gutes Stück hinter Ihnen steht, und leiten Sie die Attacke einfach an diese imaginäre Person weiter! Wer Angriffe durchlässt, als beträfen sie ihn nicht, den bringt kein Gegner aus dem Gleichgewicht.

Im Grunde haben wir bei einem Angriff drei Möglichkeiten, wie wir reagieren können. Zum einen können wir vor dem Angreifer zurückweichen. Eine Technik, die zumindest auf den ersten Blick den meisten Erfolg verspricht. Zum anderen steht es uns natürlich frei, den Angreifer unsererseits zu attackieren, indem wir mit offener Aggression auf ihn zugehen. Der dritte Weg ist das gerade beschriebene Wu Wei, das Nicht-Tun. Wir können also auch einfach stehen bleiben, als ginge uns die Sache überhaupt nichts an.

Welchen der drei Wege halten Sie für den zielführendsten, wenn es darum geht, eine Auseinandersetzung zu vermeiden? *Schreiben Sie Ihre Einschätzung in Ihr Heft.*

Auch wenn Sie normalerweise Kämpfen grundsätzlich aus dem Weg gehen, versuchen Sie jetzt bitte trotzdem, sich die folgende Situation möglichst plastisch auszumalen: Ihnen gegenüber steht eine körperlich deutlich unterlegene Person, mit der Sie einen Kampf beginnen wollen. Falls es hilft, stellen Sie sich einfach vor, dieser Mensch hätte Sie bestohlen und weigerte sich nun, das Diebesgut herauszurücken. Zornig stürmen Sie also auf den Widersacher zu, innerlich bereit, sich zu holen, was Ihnen gehört. Nehmen wir nun an, der oder die Betroffene wiche panisch vor Ihrem Angriff zurück: Wie reagieren Sie? *Notieren Sie es.*

Stellen Sie sich dann vor, Ihr Gegenüber käme mit wütend erhobenem Arm auf Sie zu und bedrohte Sie seinerseits. *Schreiben Sie auf,* wie Sie sich in diesem Fall verhalten, wenn Sie wissen, dass der Gegner keinerlei Chance gegen Sie hat.

Nun erzeugen Sie bitte in Ihrem Kopf ein letztes Szenario. Wieder gehen Sie angriffslustig auf den Gegner zu.

Doch statt zurückzuweichen oder selbst anzugreifen, bleibt dieser nur stehen und blickt Sie völlig desinteressiert an.

In welchem der drei geschilderten Szenarien ist die Wahrscheinlichkeit am größten, dass Sie den Angriff in einem gewissen Respektabstand zu Ihrem Gegner abbrechen? *Schreiben Sie es bitte auf.*

Wahrscheinlich denken Sie – wie wohl die meisten Menschen: Es ist das dritte Szenario, mit dem Sie einen Angreifer oder umgekehrt auch ein Angreifer Sie auf Distanz halten könnte.

> Das Nicht-Tun zeigt Wirkung und führt so gut wie immer zum Erfolg.

Lassen Sie mich das an einem Beispiel aus der Praxis zeigen. Während der vielen Jahre meiner Tätigkeit als Reiseleiter war ich immer wieder Angriffen vonseiten der Gäste ausgesetzt. Diese Angriffe, deren Heftigkeit mich manchmal erstaunte, hatten ihre Ursache vor allem darin, dass die Kunden von den vielen neuen Eindrücken und den Anstrengungen der Reise regelrecht überfordert waren. Da sie sich das selbst nicht eingestehen konnten, suchten sie einen anderen Weg, ihren Frust abzulassen – und vielleicht auch, sich selbst zu beweisen, dass sie zumindest über diesen Angriff noch Gewalt hatten. Auch wenn die schlechte Laune ihre Ursache meistens in schlechtem Wetter, körperlichem Unwohlsein oder Streit mit dem Partner hatte, war ich als Reiseleiter immer wieder willkommenes Ziel dieser »Unzufriedenheits-Attacken«. Anfangs versuchte ich noch, mich gegen solche ungerechten Angriffe zur Wehr zu setzen. Ich verteidigte mich oder forderte den betreffenden Gast mit ebenso erhobener Stimme auf, mich höflich und normal zu behandeln. Beides endete aber immer damit, dass ich mich schlecht fühlte. Häufig hatte ich nämlich das Gefühl, die Gäste hätten ihren geistigen Müll bei mir abgeladen und ließen mich nun mit ihm alleine.

Irgendwann wurde mir jedoch klar, dass die Unzufriedenheit der Kunden nicht mein Problem war. Schließlich war ja nicht ich missgestimmt, sondern sie! Folglich, so verstand ich weiter, gab es auch keinerlei Grund, die emotionale Unausgeglichenheit bestimmter Gäste zu meiner eigenen zu machen! Von nun an reagierte ich auf ungerechtfertigte Attacken dadurch, dass ich eben nicht mehr reagierte. Vielmehr stand ich nur da und betrachtete den schimpfenden Kunden so lange wortlos, bis dieser ob meiner Nicht-Reaktion unsicher wurde und wieder einen normalen Ton anschlug. Bitte verwechseln Sie »nicht reagieren« jetzt nicht mit ignorieren. Denn ganz im Gegenteil bekam auch ein schimpfender Gast meine volle Aufmerksamkeit. Ich ließ mich nur ganz bewusst nicht mehr von seiner schlechten Laune anstecken. So lernte ich, mich gegen Gefühle zu wehren, die ungefragt an mich herangetragen wurden. Ich tat einfach ganz bewusst nichts.

> Dieses aktive Nicht-Tun bewahrt den Seelenfrieden.

Um das Konzept des Wu Wei erfolgreich anwenden zu können, muss man also verstehen, dass es hier nicht darum geht, einfach nichts zu tun. Das wäre zu simpel. Und es würde weitergedacht bedeuten, dass wir dem Gegner die Kontrolle über die Situation überlassen. Genau das ist aber nicht gemeint. Vielmehr soll das Prinzip des Nicht-Tuns dem Bündel möglicher Reaktionen auf einen Angriff noch die Möglichkeit hinzuzufügen, bewusst jedes Handeln zu unterlassen.

> Denn weder ist immer unser Eingreifen notwendig, noch führt Handeln immer zum gewünschten Erfolg.

Ich persönlich habe mir daher angewöhnt, mich vor jedem Tun zu fragen, ob meine Intervention tatsächlich so erforderlich und hilfreich ist, wie ich es annehme. Und stelle immer wieder fest: Vieles löst sich ohne mein Zutun einfacher und besser.

Ein Asiate hat mir einmal gesagt, seiner Meinung nach gäbe es zumindest drei Handlungen, auf die man durchaus verzichten könne: Schlafende wecken, Schuhe putzen und Schnee schaufeln. Schlafende, so seine Begründung, wachten irgendwann von alleine auf, Schuhe würden wieder schmutzig, und auch der Schnee verschwinde irgendwann ohnehin von selbst. Mag sein, dass Ihnen die Idee, den Dingen einfach ihren Lauf zu lassen, etwas ungewohnt erscheint. Wie richtig diese Art des Handelns aber manchmal sein kann, beweist eindrucksvoll ein Blick in die Geschichte. So versuchten vor allem Amerikaner und Engländer, die nach dem Zweiten Weltkrieg unter dem Eindruck der Geschehnisse in Osteuropa standen, mit allen Mitteln die Ausbreitung des Kommunismus auf die ehemaligen europäischen Kolonien in Asien und Lateinamerika zu verhindern. Mehrere Kriege und Millionen Tote später saßen die kommunistischen Führer aber gerade dort besonders fest im Sattel. Und als 40 Jahre später die nach dem Vorbild der Sowjetunion errichteten totalitären Systeme fast überall wie von selbst zusammenbrachen, stellte sich die Lage in Ländern wie Nordkorea, China, Vietnam, Laos und Kuba anders dar. Hier waren die dem Westen so verhassten antikapitalistischen Ideen erst durch diese gewaltsame Intervention so richtig einzementiert worden.

> Das Prinzip des Nicht-Tuns lehrt uns, darauf zu vertrauen, dass die meisten Dinge ohne unser Zutun besser in Ordnung kommen, als wenn wir uns einmischen.

Sie können sich das vorstellen, als führen Sie mit dem Auto auf einem zugefrorenen See. Plötzlich machen Sie einen Fahrfehler, und der Wagen gerät ins Schleudern. *Schreiben Sie bitte auf, wie Sie spontan reagieren.*

Was aber täte ein Shaolin-Mönch, um das Auto wieder auf den richtigen Kurs zu bringen? Heftiges Gegenlenken, wie es wohl die meisten von uns versuchten, verschlimmert jedenfalls die Situation. So bleibt als einzige Lösung, nichts zu tun und darauf zu warten, dass die Sache sich ganz von alleine wieder einpendelt.

Erinnern Sie sich noch an meine Aussage, dass die Natur immer auszugleichen versucht? Auch bei diesem Beispiel ist das so. Und sobald das Auto wieder zur Ruhe gekommen ist, können Sie entspannt auf das Gaspedal treten und geradeaus weiterfahren.

Bei genauerer Betrachtung zeigt dieses Beispiel noch einen weiteren Vorteil des Wu Wei. Nehmen wir an, Sie hätten probiert, das Problem mit der herkömmlichen Methode zu lösen, und mit aller Gewalt versucht, das Auto durch Drehen am Lenkrad wieder auf Spur zu bringen. So schnell wie möglich hätten Sie bis zum Anschlag nach links gekurbelt. Dann wieder nach rechts, nein, doch nach links ... Können Sie sich vorstellen, wie erschöpft Sie nach einem solchen Manöver wären? Und welche Ängste Sie durchlitten hätten?

> Wer versteht, da, wo es nötig ist, zu handeln, indem er nicht handelt, der spart neben Emotionen auch viel Energie.

Möglicherweise wenden Sie nun ein, dass sich das zwar alles ganz gut anhört, aber in der Praxis nicht machbar sei. Denn wie sollten Sie einfach nicht reagieren, wenn Ihr Gegner Sie ganz bewusst provoziert?

In Shaolin erzählt man sich dazu eine Geschichte. Ein Schüler, so heißt es, fragte eines Tages seinen Meister, wie er besser mit seinem Zorn umgehen könne. Der Meister antwortete: »Stell dir vor, es ist ein nebliger Tag. Du bist mit deinem Boot draußen auf einem See. Durch den Nebel kannst du kaum etwas erkennen. Doch plötzlich siehst du durch die Schwaden ein anderes Boot, das direkt auf dich zukommt. Du spürst, wie der Zorn in dir aufsteigt.

Du denkst: »Das darf doch jetzt nicht wahr sein! Erst gestern habe ich mein Boot neu gestrichen, und jetzt …« In diesem Moment passiert es. Das fremde Boot kracht in deines hinein. Du hörst, wie die frische Farbe, die du gestern so mühevoll aufgetragen hast, splitternd abblättert. Bebend vor Zorn schaust du genauer hin und siehst: Das andere Boot ist leer. Niemand ist darin. Niemand hat dich absichtlich gerammt. Dein Zorn verfliegt. Seufzend denkst du, dass du das Boot eben noch einmal streichen musst. Die Sache ist für dich damit erledigt.«

Der Meister machte eine kurze Pause und fuhr dann fort: »So ist es mit allem im Leben. Mit allen Menschen, denen du begegnest. Es ist, als würden wir von einem leeren Boot gerammt.« Der Schüler antwortete: »Ihr habt wohl recht, Meister. Aber selbst wenn ich sehe, dass das Boot leer ist, werde ich mich doch zuerst einmal ärgern und mir einfach vorstellen, es säße jemand in dem Boot, der mir absichtlich schaden will!« Da antwortete der Meister: »So sind wir Menschen. Doch je mehr wir üben, umso leichter können wir uns beruhigen und sehen, wie lächerlich und nutzlos es doch ist, an Zorn festzuhalten! Schuld ist ohnehin immer das leere Boot.«

Seien Sie also nicht ungeduldig mit sich, wenn Ihnen das Nicht-Tun am Anfang schwerfällt.

Denn gerade das Nicht-Tun, so weiß man in Shaolin schon lange, müssen wir mehr üben als jede andere Art der Reaktion.

Tiere beherrschen übrigens im Gegensatz zu uns Menschen diese Art des Denkens ohne jedwedes Üben. Das liegt vor allem daran, dass sie wohl gar nicht in der Lage sind, jene Zusammenhänge herzustellen, mit denen wir uns selbst belasten. Klargeworden ist mir das, als ich vor einiger Zeit meine Katze unabsichtlich in einem Zimmer eingesperrt hatte. Auf einmal hörte ich ein lautes Maunzen. Also machte ich mich auf die Suche nach ihr und ließ sie frei. In dem Moment, als sie freudig schnurrend das Zimmer verließ, verstand ich, wie sehr Tiere auf eine gewisse Art privilegiert sind. Die Katze war nämlich nicht in der Lage, einen Zusammenhang zwischen mir und der geschlossenen Tür herzustellen. So kam sie auch nicht auf die Idee, mir böswilliges Verhalten zu unterstellen und sich damit selbst in eine Emotion zu bringen. So akzeptierte sie nicht nur die Situation, wie sie eben war, sondern freute sich auch noch, als diese sich veränderte!

Interessanterweise erzeugt die Idee des Nicht-Tuns bei vielen Menschen das Gefühl, nach diesem Prinzip zu handeln bedeute, sich alles gefallen lassen. Doch genau darum geht es hier nicht. Wu Wei bedeutet, den Schaden, den uns ein Angreifer zufügen möchte, nicht noch durch eigenes Handeln zu verstärken! Erstaunlicherweise verspüren wir den größten Drang, einem Angreifer etwas heimzuzahlen, ohnehin immer dort, wo wir eigentlich gar keinen Schaden haben.

Lassen Sie mich das an einem Beispiel zeigen. Stellen Sie sich bitte vor, Sie gehen zu Ihrem Hausbäcker und bestellen dort ein Kilo Brot. An der Kasse bemerken Sie, dass der Preis höher ist als noch vor einer Woche. Wie reagieren

Sie? Ich nehme an, Sie gehen davon aus, dass die Bäckerei in den letzten Tagen die Preise erhöht hat. Möglicherweise kommentieren Sie die Teuerung und sagen, dass Sie sich bald das Leben nicht mehr leisten können, wenn das so weitergeht, und verlassen dann den Laden. Mal abgesehen davon, dass es wohl jeden stört, dass alles immer teurer wird: Haben Sie dabei irgendwelche Emotionen? *Notieren Sie bitte in Stichworten, wie Sie sich fühlen.*

Nehmen wir nun an, Sie hätten gerade beobachtet, wie der Kunde vor Ihnen für das exakt gleiche Brot den alten, niedrigeren Preis bezahlt hat. Gleichzeitig ist Ihnen dieser neue Verkäufer schon die ganze Zeit irgendwie komisch vorgekommen. Bevor Sie ihm also das Geld aushändigen, fragen Sie noch einmal nach, wann der Chef denn die Preise erhöht habe. Der junge Mann, dessen unsympathischer Haarschnitt Ihnen erst jetzt so richtig auffällt, beginnt zu stottern. Sie werden laut, und der Verkäufer fragt, ob er das Brot noch einmal sehen dürfe. Sicher liege ein Irrtum vor, denn er habe ein anderes, teureres Brot in Ihrem Einkaufskorb gesehen. Wütend über diese Lüge, knallen Sie verärgert den Einkauf auf die Theke und verlassen den Laden. *Schreiben Sie bitte auch hier auf,* wie es Ihnen geht und welche Gedanken Ihnen durch den Kopf gehen. Wenn Sie fertig sind, machen Sie bitte einen großen Kreis um jene Situation, in der Sie sich wohler fühlen. Welches der beiden Szenarien wäre aber, emotionsfrei betrachtet, das für Sie bessere? Die echte Preiserhöhung oder der tatsächliche oder angebliche Irrtum des Verkäufers, bei dem Sie für das Brot am Ende dann doch weniger bezahlen? Haben Sie wirklich diese Situation mit einem Kringel versehen? Verstehen Sie, worauf ich hinausmöchte?

Anstatt sich einfach darüber zu freuen, dass Sie einen Angriff auf Ihre Geldbörse erfolgreich abgewehrt haben, macht das Gefühl, dass man Sie zu betrügen versucht hat, Sie viel emotionaler als die langfristige Preiserhöhung. Bei allem Verständnis für Ihren Ärger: Ob es Ihnen passt oder nicht, werden Sie in Ihrem Leben nicht verhindern können, dass ein anderer Sie über den Tisch zu ziehen versucht. Das kommt vor. Wenn Sie aber das nächste Mal einen solchen Versuch entdecken, denken Sie daran, dass es keinen Grund gibt, sich zu ärgern.

> Freuen Sie sich lieber, dass Sie eine Attacke erfolgreich vereitelt haben, als sich über das ohnehin nicht beeinflussbare Verhalten eines anderen zu ärgern!

Denn Sie wissen: Alles andere wäre verschwendete Energie, die Sie an anderer Stelle viel besser gebrauchen können. Wer dem Prinzip des Wu Wei folgt, spart Kraft und Energie und gewinnt an Freude.

Dem Prinzip des Nicht-Tuns zu folgen ist mit etwas Übung einfach und meist sehr effizient. Das hat seinen Grund auch darin, dass diese Abwehrtechnik in unserem Kulturkreis nicht sehr verbreitet ist und daher die meisten menschlichen Angreifer überrascht. Manche Tiere haben dieses Prinzip hingegen teilweise sogar soweit verinnerlicht, dass sie sich bei einem Angriff einfach tot stellen, um auf einen Angreifer uninteressant zu wirken. Doch offensichtlich ist nicht einmal in der Tierwelt allen bekannt, dass bewusstes Nicht-Tun manchmal Leben retten kann. So gibt es eine seltene Pflanzenart, die zusätzlich zu den aus der Erde gewonnenen Nährstoffen auf tierisches Eiweiß angewiesen ist und daher auch Insekten fängt und verzehrt. Setzt sich ein Tier, von der Pflanze mit speziellen Duftstoffen angelockt, auf ein Blatt und berührt dabei eine Fühlborste, schnappt ein zweites Blatt zu und das Opfer ist gefangen. Dennoch ist in dieser Situation, zumindest theoretisch noch nicht alles verloren. Denn nur, wenn das in Panik zappelnde Tier innerhalb von zwanzig Sekunden zumindest ein zweites Mal eine der Fühlborsten berührt, setzt der Verdauungsvorgang ein und bereitet so dem Leben des Tieres ein langsames Ende. Wäre der Beute das Prinzip des Nicht-Tuns bekannt, hielte sie einfach still, statt mit panischen Bewegungen zu versuchen, aus dem tödlichen Gefängnis auszubrechen. Bereits wenige Sekunden später würde eine enttäuschte Pflanze die Falle wieder öffnen und das Tier in die Freiheit entlassen.

Dieser Umstand war bereits dem chinesischen Philosophen Sunzi bekannt. Er schreibt in seinem berühmt gewordenen Buch »Die Kunst des Krieges« sinngemäß Folgendes: »Wenn du siehst, dass jene, die zum Wasserholen geschickt werden, zuerst selbst trinken, dann weißt du, dass die feindliche Armee an Durst leidet.« Unkontrolliertes Handeln, so sagt Sunzi, verrät unseren Zustand und zeigt dem Gegner, wo wir angreifbar sind. Ich möchte das erweitern:

> Auch unkontrollierte Emotionen verraten unserem Gegner, wo wir angreifbar sind.

Vor allem als Reiseleiter habe ich mit der Angriffstechnik der emotionalen Attacke oft Bekanntschaft gemacht. Wie schon geschrieben, sehen manche Gäste in einem Reiseleiter einen Blitzableiter für ihren (oft schon daheim) angestauten Frust. Daher sah ich mich immer wieder provokanten Äußerungen zu verschiedenen Themen ausgesetzt – wohl weil man mich provozieren wollte. Geholfen hat mir hier seit Beginn meiner Tätigkeit die konsequente Verinnerlichung des Prinzips des Nicht-Tuns. Ich habe es mir zur Gewohnheit gemacht, mit Kunden weder über meine politischen noch über sonstige Ansichten zu diskutieren. Begann jemand darüber zu schimpfen, dass es im Ausland viel zu viele Ausländer gäbe, pflegte ich nur zu nicken und zu sagen: »Ja, wenn Sie das so sehen, dann wird es wohl so sein!« Was sonst hätte ich aber auch erwidern sollen?

Ich erinnere mich gut, dass eines Tages auf einer Reise durch den Norden Indiens eine Dame ganz aufgeregt auf mich zukam und mit drohend erhobener Stimme sagte: »Jetzt muss ich Sie aber schon etwas fragen! Sagen Sie, was gefällt Ihnen hier in Asien eigentlich so gut? Der Dreck? Die Armut? Das Chaos, das überall herrscht?« Ich weiß noch, dass ich damals nur geantwortet habe: »Ich hoffe, Sie verstehen, dass ich mich dazu jetzt nicht äußere. Alles, was ich Ihnen sagen würde, wäre nämlich eine Frechheit.« Später kam die Kundin zu mir, um sich für ihr Verhalten zu entschuldigen.

> Die hohe Kunst des Nicht-Tuns
> besteht darin, jederzeit die Kontrolle
> über unsere Impulse und Emotionen zu
> behalten und unser Bedürfnis, zu handeln,
> ganz bewusst zu unterdrücken.

Schreiben Sie bitte fünf Situationen in Ihr Heft, in denen es Ihnen besonders schwer fällt, auf eine provozierende Aktion nicht zu reagieren. Und üben Sie bitte, sich vorzustellen, wie Sie auch in diesen Situationen einfach nicht reagieren. Irgendwann werden Sie mit Erstaunen feststellen, dass es Ihnen so selbstverständlich gelingt, als hätten Sie nie etwas anderes getan.

Nicht immer aber sind es Angriffe von außen, die uns aus dem inneren Gleichgewicht bringen. Es gibt noch viele andere Bereiche, in denen uns nur bewusstes Nicht-Tun vor unnötigen Emotionen bewahrt. Ein Beispiel? Nehmen Sie nur jene Menschen, die etwas falsch machen und dann in ihrem Ärger alle anderen dafür verantwortlich machen. Sie wissen, dass es unsinnig ist, vor sich selbst einen Fehler, den man gemacht hat, einem anderen in die Schuhe zu schieben. Denn dadurch verdoppeln Sie nur Ihre Emotionen. Sie ärgern sich nämlich plötzlich nicht nur über sich selbst, sondern auch über Ihr unschuldiges Gegenüber!

So war ich einmal mit einer Kollegin unterwegs. Als diese am Abend wissen wollte, wann am nächsten Tag Abfahrt sei, antwortete ich, sie solle sich in der Früh ruhig Zeit lassen, wir hätten ohnehin nicht viel Programm. Natürlich rief am nächsten Morgen ein Kunde an, der gehört hatte, dass ich in der Gegend war. Ob ich denn nicht am Vormittag vorbeikommen wolle, da ich in der Nähe sei? Gerne wäre ich der Einladung gefolgt, nur hätten wir dazu entsprechend früher aufbrechen müssen. Und das ausgerechnet an dem Tag, an dem ich meiner Kollegin einen langen Vormittag eingeräumt hatte. So hoffte ich, meine Kollegin wäre, trotz meiner ausdrücklichen Aufforderung, sich Zeit zu lassen, bereits früher als angekündigt abreisefertig. Was natürlich nicht der Fall war. Also musste ich – vermeintlich ihretwegen – das Treffen mit dem Kunden absagen. Obwohl ich mich beherrschte und meine Kollegin nicht damit konfrontierte, bekam ich die Sache nicht aus dem Kopf. Warum, so fragte ich mich immer wieder, konnte sie nicht auch heute schon vor der vereinbarten Abfahrtszeit beim Auto warten, wie sie es sonst jeden Tag getan hatte? Als ich mich bei dem Gedanken ertappte, meine Mitarbeiterin habe falsch gehandelt, rief ich mich selbst zur Vernunft. Ich machte mir klar, dass keiner von uns beiden einen Fehler gemacht hatte – und sie am allerwenigsten.

In diesem Zusammenhang habe ich für mich eine Technik entwickelt, die ich »Gedanken-Sparsamkeit« nenne. Wenn ich merke, dass ich beginne, mich emotional in eine Sache hineinzusteigern, unterbreche ich meine Gedanken und überlege mir Folgendes: Angenommen, ich müsste den Sachverhalt jemandem erklären, der meine Sprache nicht spricht, wäre es mir dann diesen Aufwand wert? Würde ich es einem Fremden wirklich aufzeichnen oder mit Händen und Füßen kommunizieren wollen? Oder würde ich mich zur Ordnung rufen und es einfach vergessen?

Ist eine Angelegenheit nicht wichtig genug, dass ich darüber weiter nachdenke, lege ich sie »ad acta«. Ich verabschiede mich ganz bewusst von ihr und gehe zu etwas anderem über. Zusätzlich sorge ich von diesem Moment an dafür, dass die Angelegenheit nie wieder in mein Bewusstsein kommt. Das kommt Ihnen zu abstrakt vor?

Dann stellen Sie sich einfach vor, Sie müssten für jeden Gedanken bezahlen. Auch das lässt Sie demotivierende und zerstörerische Gedanken sehr schnell vergessen.

Bleibt noch eine letzte, durchaus wichtige Frage. Wie geht man nach dem Prinzip des Wu Wei mit Emotionen um, wenn diese bereits in uns Raum gefunden haben? Was also ist zu tun, wenn Ereignisse, die auf uns einstürmen, stärker sind als wir? Was tun wir dann mit den hervorgerufenen Emotionen?

> Das Prinzip des Nicht-Tuns lehrt uns, unsere Gefühle nicht zu unterdrücken, sondern sie vielmehr bewusst als Teil unseres Selbst anzunehmen.

In Shaolin erzählt man sich dazu die Geschichte von einem alten Meister, der zwei Tage lang ununterbrochen weinte. Als ein Schüler das sah, trat er auf ihn zu und sagte: »Meister, wie kommt es, dass Ihr Euch von Euren Emotionen überwältigen lasst und einfach weint wie ein kleines Kind?« Der Meister sah ihn an und antwortete: »Meine Freiheit besteht darin zu weinen, wenn ich traurig bin.«

> Anstatt seine Trauer gewaltsam zu unterdrücken, akzeptierte der Meister sie bewusst als Teil seiner Natur.

Er ließ seiner Traurigkeit so lange freien Lauf, bis sie nach den Stunden des Weinens ein für alle Mal vorbei war. Und handelte damit genau nach dem Prinzip des Wu Wei, das uns lehrt, jedes Verhalten zu vermeiden, das sich gegen unsere Natur richtet. Man sollte auch einmal entstandene Emotionen nicht reizen, indem man sie gewaltsam unterdrückt. Nur dann nämlich verschwinden sie von selbst.

Übungen

*Die folgenden Fragen sollen Sie dabei unterstützen,
das Prinzip des Nicht-Tuns in Ihren Alltag zu integrieren.*

Warum handeln wir oft auch dort, wo wir nicht handeln sollten?

_____

_____

_____

Was ist das Gegenteil von kämpfen?

_____

_____

_____

Muss man auf Provokationen reagieren? Warum?

_____

_____

Was bringt es, seine Fehler vor sich selbst zu leugnen?

_____

_____

Warum tun es so viele?

_____

_____

Warum scheint uns Tun so oft leichter als Nicht-Tun?

_____

_____

Wann ist Angriff nicht beste Verteidigung?

_____

_____

Ist das, was Sie sagen wollen, wirklich immer schöner als die Stille?

_____

_____

Was bringt es, einen anderen zu kränken?

_____

_____

Lerne, nein zu sagen.
Es wird dir mehr nutzen,
als Latein lesen zu können.

(Charles Haddon Spurgeon)

5

Das Prinzip der Standhaftigkeit

*Mitleid und Erbarmen
verderben das Geschäft.
(Aus Asien)*

Lerne, ausschließlich nach deinen Überzeugungen zu handeln

Lassen Sie uns nach diesem langen Kapitel kurz innehalten. Bis jetzt haben Sie vieles über Emotionen erfahren. Sie haben gesehen, wie ein Angreifer diese in seinem Sinn ausnutzen kann. Und Sie haben Techniken kennengelernt, um solche Angriffe effizient abzuwehren. Obwohl selbst ein Shaolin-Mönch Zeit benötigt, um eine neue Denkweise zu verinnerlichen, bin ich mir sicher, dass sich bei Ihnen schon einiges verändert hat.

Nun ist es an der Zeit, auf jenen größten und mächtigsten Gegner einzugehen, der am Ende für die meisten unerwünschten Emotionen verantwortlich ist. Wissen Sie, wen ich meine? Sie selbst.

Konkret geht es darum, dass wir uns oft selbst bekämpfen, indem wir gegen unsere Vorstellungen und Wünsche handeln. Das aber tun wir meistens gar nicht, weil uns tatsächlich jemand dazu zwingt, sondern vielmehr weil wir glauben, dass ein anderer es so möchte!

> Gerade dadurch, dass wir krampfhaft versuchen, schlechter Energie aus dem Weg zu gehen, erzeugen wir sie oft erst.

Das einfachste Beispiel für dieses Verhalten ist eine Person, die sich für eine Veranstaltung in den verhassten Anzug zwängt, nur um am Ende festzustellen, dass sie viel zu elegant gekleidet ist. Nicht irgendein Dresscode stand nämlich hinter der Kleiderwahl, sondern die Angst, von anderen Gästen auf die zu legere Kleidung angesprochen zu werden. Am Ende befindet sich der Betreffende wohl den ganzen Abend über in einem emotional unausgeglichenen Zustand und findet mit Sicherheit viele Schuldige für seine Misere. Nur nicht denjenigen, der sie tatsächlich verursacht hat.

Wie ich schon beim Prinzip der Erwartungslosigkeit geschrieben habe: Das Motiv für die meisten unserer Handlungen ist, dass wir mit ihnen ein bestimmtes Gefühl erzeugen möchten.

Tritt die Stimmung am Ende aber nicht wie gewünscht ein, reagieren wir schnell enttäuscht oder zornig.

Lassen Sie mich das an einem Beispiel illustrieren. Angenommen, Sie bleiben an einem Freitag bis spätabends in der Arbeit. Zwar hat das niemand angeordnet, aber Sie möchten Ihrem Chef unbedingt noch etwas vorbereiten, das er Ihres Wissens am darauffolgenden Montag benötigt.

Wenn Sie Ihrem Chef die unaufgeforderte Sonderarbeit präsentieren: Welche Reaktion erwarten Sie? Und welches Gefühl würde die gewünschte Reaktion bei Ihnen auslösen? *Schreiben Sie bitte beides auf.*

Dann lassen Sie mich erzählen, was tatsächlich passiert. Dazu muss ich Sie auf den Boden der Tatsachen zurückholen. Am Montag erscheint Ihr Vorgesetzter nämlich kommentarlos überhaupt nicht an seinem Arbeitsplatz. Eine Kollegin erzählt Ihnen, er sei direkt von zu Hause aus zu dem Termin gefahren. Als er am nächsten Tag Ihre Arbeit sieht, meint er nur lakonisch: »Das hätten Sie sich sparen können. Frau F. hat das schon letzte Woche vorbereitet. Ich hoffe nur, ich finde diese Stunden nicht auf Ihrer Überstundenliste!«

Wie geht es Ihnen jetzt? *Notieren Sie es bitte* unter dem letzten Eintrag und schreiben Sie auch dazu, warum Sie jetzt in dieser Stimmung sind.

> Die meisten Menschen tun Dinge nicht, weil sie selbst der Meinung sind, dass diese gut sind. Sie handeln vielmehr auf eine bestimmte Art, weil sie glauben oder hoffen, dass ein anderer sie gut findet.

Nun hätten Sie in diesem Beispiel ein paar Stunden Ihrer Lebenszeit mit einer unnötigen Arbeit vertan, aber im Gegenzug hoffentlich etwas für die Zukunft gelernt.

Handeln Sie niemals aus der Motivation heraus, anderen

Menschen zu gefallen, sondern nur deshalb, weil Sie selbst es so richtig und gut finden!

Ähnlich sieht die Sache dort aus, wo wir etwas durchaus Sinnvolles unterlassen, weil ein anderer es schlecht finden könnte. Auch hier handeln wir nicht aus einer eigenen Überzeugung heraus, sondern vielmehr aus dem vermeintlichen Wissen darüber, was unsere Mitmenschen denken.

> Doch die Idee, sich vom Urteil anderer abhängig zu machen, kann auf Dauer erstaunlich viel zerstören.

Schön zu sehen ist das am Beispiel von Menschen, die mit viel Mühe die Sprache eines anderen Landes lernen. Fragt man diese, ob sie denn die neu erworbenen Sprachkenntnisse bereits im Urlaub anwenden konnten, ist die Antwort häufig ein heftiges: »Nein!« Sie würden, so erfährt man, erst dann mit einem Muttersprachler kommunizieren, sobald sie sicher sein könnten, hierbei keinerlei Fehler zu machen. Was bitte sollte sich denn das Gegenüber sonst denken?

Möglicherweise nicken Sie jetzt zustimmend. Vielleicht haben Sie aber das Problem bereits erkannt. Wie nämlich kann man eine neue Sprache lernen, wenn man sich weigert, diese zu sprechen? Das ist wie eine Katze, die sich in den Schwanz beißt. In dem unbedingten Versuch, die Emotion der Scham zu verhindern, schaffen wir uns ein neues, noch größeres Problem.

Eines Tages werden Sie sich nämlich bestimmt darüber ärgern, dass Sie offenbar unfähig sind, eine Fremdsprache zu lernen, und vielleicht werden Sie es von da an sogar ganz bleibenlassen. Aber wieso eigentlich?

Lassen Sie uns die Sache einmal umgekehrt betrachten. Wenn jemand, der Ihre Sprache als Fremdsprache gelernt hat, beim Sprechen Fehler macht, was denken Sie dann? Ich denke mir, dass es eben nicht seine Muttersprache ist. Und das war es dann auch. Warum aber sollte das bei jemand anderem anders sein?

> Dennoch verhindert die ständige Angst vor einer möglicherweise unerwünschten Reaktion unseres Gegenübers, dass wir uns verbessern.

Ich habe diese Problematik selbst erlebt, als ich vor einigen Jahren ins Ausland umgezogen bin. In meiner Wahlheimat sind viele Menschen mehr oder weniger der englischen Sprache mächtig, und so war es für mich wie für sie einfacher, Englisch zu sprechen. Das hatte auch den Vorteil, dass wir uns alle in einer Fremdsprache verständigen mussten. Bis mir irgendwann klarwurde, dass ich so die Landessprache niemals lernen würde. Also beschloss ich, etwas zu ändern. Ich sagte meinen Freunden und Bekannten, dass ich von nun an ausschließlich in ihrer Sprache sprechen würde. Klar würde das am Anfang holprig klingen und für sie etwas mühsam sein. Ich ersuchte sie aber dennoch, mich zu unterstützen, indem sie im Gespräch mit mir nur noch ihre Muttersprache verwendeten. Gleichzeitig bat ich sie noch um etwas anderes, das ihnen bedeutend schwerer fiel. Wann immer ich einen Fehler machte, so ersuchte ich sie, sollten sie mich umgehend verbessern. Auf diese Bitte folgten einige Diskussionen. Sie könnten mich doch nicht so einfach korrigieren! Nein, da kämen sie sich komisch vor, und außerdem würde ich ohnehin nur sehr selten Fehler machen. Was natürlich eine glatte Lüge war in einer Zeit, in der mehr falsche als korrekte Sätze aus meinem Mund kamen. Am Ende gelang es mir dann schließlich, mein Umfeld zu überzeugen. Darüber war ich zugegebenermaßen vor allem am Anfang gar nicht immer so glücklich. Niemand macht gerne Fehler, und niemand freut sich darüber, bei jedem zweiten Wort verbessert zu werden. Mittlerweile spreche ich die Sprache fließend und weitestgehend fehlerfrei. Wäre ich aber damals nicht, entgegen meiner Emotionen, standhaft geblieben, müsste ich mich wohl bis heute auf Englisch unterhalten.

> Nicht zuletzt dieses Beispiel hat mir gezeigt, wie wichtig es ist, eine als richtig erkannte Wahrheit auch zu beherzigen.

Eine der häufigsten Ursachen für das plötzliche Aufkommen einer Emotion ist das Gefühl, eine Lage nicht unter Kontrolle zu haben. Nur zu oft haben wir Angst vor bestimmten Reaktionen, wie ich es gerade am Beispiel mit den Fremdsprachen gezeigt habe.

Angenommen, jemand, der Ihnen nichts zu sagen hat, ordnet in harschem Ton an, Sie sollen eine Sache auf eine bestimmte Art machen. Wie reagieren Sie, wenn Sie schon der arrogante Befehlston dieser Person ärgert? Sehr wahrscheinlich tun Sie demonstrativ das genaue Gegenteil. Dummerweise machen Sie das aber auch dann, wenn die Person eigentlich recht hatte und der vorgegebene Weg der beste wäre! Ihr emotionaler Zustand schränkt Sie jedoch in Ihrer Wahlmöglichkeit ein. Und am Ende erreichen Sie das Gegenteil des Gewünschten. Erkennen Sie die Falle? Und erkennen Sie, wie leicht jeder Gegner diese ausnutzen kann?

> Eine kurze Anordnung, von der Sie sich emotional attackiert fühlen – und schon handeln Sie wider besseres Wissen!

Lassen Sie mich das an einem Beispiel verdeutlichen. Stellen Sie sich vor, Sie stehen in der Kaffeeküche und rühren mit einem Löffel in Ihrem Kaffee. Plötzlich betritt eine Person den Raum, die Sie wegen ihrer arroganten, belehrenden Art nicht ausstehen können. Diese beobachtet Sie kurz und sagt dann: »Langsam umrühren! Du bekleckerst dich sonst!« Wie reagieren Sie? Ich behaupte, Sie beschleunigen Ihre Rührbewegungen bereits, bevor Ihnen überhaupt bewusst wird, was Sie tun. Tatsache bleibt aber, dass wir uns beim schnellen Rühren leichter bekleckern. Gelingt es jemandem auf diese Art, Sie »aus dem Takt zu bringen«, ist die Katastrophe vorprogrammiert.

> Niemals dürfen wir uns durch einen
> emotionalen Angriff zu einer bestimmten
> Handlungsweise bewegen lassen!

Schreiben Sie jetzt bitte drei Beispiele für Gelegenheiten in Ihr Heft, bei denen Sie aus einer Protesthaltung heraus nicht die optimale Lösung gewählt haben. Ein Angreifer hat überall dort leichtes Spiel, wo wir uns durch unsere Emotionen selbst aus dem Gleichgewicht gebracht haben.

Nun funktioniert dies natürlich nicht nur mit der Emotion des Ärgers. Auch andere Gefühle machen uns angreifbar.

Besonders gut funktioniert das auch mit unserer Unsicherheit, die mancher Gegner schamlos auszunutzen versucht.

So hatte mich vor kurzem wieder einmal eine Reise nach Shaolin geführt. Als ich beim Automaten Geld abhob, stellte ich mit Erstaunen fest, dass auch dort manche Geldautomaten mittlerweile die Möglichkeit bieten, das in der chinesischen Währung ausbezahlte Geld bereits zum Zeitpunkt der Abhebung zu einem fixen Kurs in die eigene Währung umzurechnen. Das hat den vermeintlichen Vorteil, dass man als Kunde sofort weiß, mit welchem Betrag (selbstverständlich zuzüglich nicht ausgewiesener Spesen und Gebühren) das Konto belastet werden wird. Natürlich könnte man diese Information auch durch einen Blick auf einen beliebigen Währungsumrechner erhalten, da die behobene Summe immer zum aktuellen Tageskurs umgerechnet wird. Dadurch würde man auch erfahren, dass man bei der vom Automaten vorgeschlagenen Umrechnung fast zehn Prozent seines Geldes durch einen viel schlechteren Kurs verliert. Dennoch vertrauen viele aus Angst, sich bei der eigenen Recherche geirrt zu haben, am Ende dann doch lieber dem Automaten. Für mich ist das ein interessantes Beispiel dafür, dass man bis heute mit der Emotion der Angst blendende Geschäfte machen kann.

Wie lässt sich aber der Fehler vermeiden, aus einer Emotion heraus eine falsche Entscheidung zu treffen? Überlegen Sie sich vorab, was Sie genau möchten, und verfolgen Sie dieses Ziel dann konsequent. Auch in Shaolin lehrt man:

> Wer kein klar definiertes Ziel hat, ist für Ablenkungen und Manipulationsversuche aller Art besonders anfällig.

Wenn Sie beispielsweise in der Früh auf dem Weg zur Arbeit sind, werden Sie kaum auf die Idee kommen, unterwegs noch einen Abstecher zu einem Museum zu machen. Selbst dann nicht, wenn Sie im Radio hören, dass der Eintritt an diesem Tag kostenlos ist. Was aber, wenn Sie gerade unentschlossen durch die Gegend fahren und die gleiche Nachricht vernehmen?

Ich selbst habe mir daher angewöhnt, meine Ziele immer so klar wie möglich vorab zu definieren. Befinde ich mich dann auf dem Weg, richte ich meinen Blick ausschließlich auf das Ziel und vermeide es tunlichst, nach links oder rechts zu schauen. Zu groß ist nämlich andernfalls die Gefahr, dass mich etwas, was ich neben dem Weg sehe, zu einer emotionalen Entscheidung verleitet.

Verstanden habe ich das, als ich mich einmal in einer recht eigenartigen Situation befand. Vereinfacht gesagt, arbeitete ich für ein Projekt, bei dem aus vertragstechnischen Gründen ein zweiter Partner immer die gleiche Summe ausbezahlt bekommen musste wie ich. Da die Bezahlung aus einem fix bereitgestellten Sponsor-Budget erfolgte, spielte die Höhe der Kosten nur eine untergeordnete Rolle, solange diese sich in einem realistischen Rahmen bewegten. Gleichzeitig galt aber jede Honorarerhöhung, die ich für mich aushandelte, automatisch auch für meinen Partner. Das war besonders schmerzhaft, da dieser seine Arbeit derart schlecht machte, dass ich als Gesamtverantwortlicher für das Projekt oft seinen Teil für ihn mit erledigte. Nachdem es keine Möglichkeit gab, den Vertrag vor Ablauf zu kündigen oder zu verändern, stand ich nun vor einer schwierigen Entscheidung: Entweder arbeitete ich selbst besonders günstig oder ich akzeptierte, dass mein Mitbewerber jedes Mal von meiner Arbeit und meinen Verhandlungskünsten profitierte.

Versetzen Sie sich bitte einmal in die Situation, dass Sie für eine Tätigkeit so viel Geld verlangen können, wie Sie möchten. Allerdings mit einem kleinen Haken: Ausgerechnet eine Person, die sich ständig auf Kosten anderer durchs Leben mogelt, erhält immer das Zehnfache Ihres Honorars. Und das, ohne dafür auch nur einen Finger gerührt zu haben! Fordern Sie drei durchschnittliche Monatsgehälter, gehen bei Ihrem Gegner zeitgleich dreißig

Durchschnittseinkommen ein. Arbeiten Sie hingegen kostenlos, geht auch Ihr Widersacher leer aus.

Bitte nehmen Sie Ihr Heft und notieren auf einer Skala von Null bis Hundert, wie viel Prozent eines möglichen Honorars Sie in dieser Situation verlangen würden.

Ich gebe zu, für einen kurzen, missgünstigen Moment versucht gewesen zu sein, für meine Arbeit gar nichts in Rechnung zu stellen. Doch am Ende traf ich die Entscheidung, so viel zu nehmen, wie ich eben bekommen konnte. Warum sollte ich mir selbst schaden, nur damit ein anderer nichts mitverdient?

In etwas abgewandelter Form tritt der geschilderte Sachverhalt häufiger auf, als man auf den ersten Blick annehmen möchte. Das Tückische an dieser Denkweise ist: Wir lassen uns von unserer Emotion beeinflussen – und schaden uns dabei am meisten selbst.

Dadurch entsteht ein anderes Problem:

> Wer nicht weiß, was er möchte,
> kann naturgemäß seinen Standpunkt
> weder vertreten noch verteidigen.
> Deshalb schaut er ständig, was andere tun.
> Das aber macht ihn noch beeinflussbarer.

Ein Mechanismus, den vor einiger Zeit ein großes Internetportal in den Vereinigten Staaten auf eine sehr subtile Art für sich ausgenutzt hat. Die Chefetage machte den Mitarbeitern ein scheinbar unschlagbares Angebot. Unter dem Motto »Mach so viel Urlaub, wie du willst!« durfte jeder Angestellte selbst darüber entscheiden, wie viele Tage im Jahr er dem Unternehmen fernbleiben wollte. Die freien Tage waren also nicht mehr durch irgendwelche betrieblichen Vorgaben beschränkt, sondern jeder Mitarbeiter konnte sich tatsächlich freinehmen, so oft und so viel er wollte!

Auf den ersten Blick sieht diese Aktion jetzt so aus, als könne sie nur nachteilig für das Unternehmen sein. Wer würde denn bei so einem Angebot überhaupt noch arbeiten?

Warum aber sollte eine Firma etwas tun, das ihr schadet?

Lassen Sie uns also etwas genauer hinschauen. Wie sähe es denn beispielsweise bei Ihnen aus? Wenn Sie theoretisch unbeschränkt Urlaub nehmen könnten, wie viele Tage würden Sie tatsächlich der Arbeit fernbleiben? Woran würden Sie sich bei der Anzahl der arbeitsfreien Tage orientieren?

Schreiben Sie bitte Ihre Antwort auf.

Die Aktion war für das Unternehmen in den USA jedenfalls ein großer Gewinn. Anstatt zu explodieren, ging die Zahl der Urlaubstage nämlich dramatisch zurück. Da niemand in den Ruf kommen wollte, das großzügige Angebot auszunutzen, nahmen die Mitarbeiter nicht einmal mehr den ihnen eigentlich zustehenden Urlaub. Nur um anderen Menschen, in diesem Fall den Chefs und Kollegen, zu gefallen, nahmen die Angestellten dieses Unternehmens einen durchaus nicht zu unterschätzenden Nachteil in Kauf.

Verstehen Sie jetzt, warum Standhaftigkeit bedeutet, nicht nach links und rechts zu schauen?

> Nur wer wirklich weiß, was er will, strahlt das auch aus und wird von seinem Umfeld entsprechend behandelt.

Unglücklicherweise gilt aber auch im Umkehrschluss: Menschen spüren sehr deutlich, wenn jemand leicht von seinem Standpunkt abzubringen ist. Nehmen wir als Beispiel die Freiberufler. Da diese als Einzelunternehmer meistens Angestellte und Chef in einer Person sind, obliegt ihnen auch die schwierige Aufgabe, ihr Honorar auszuhandeln, also den Preis der eigenen Leistung einem Kunden gegenüber zu vertreten. Denn wo auch immer für den Einzelnen die Schmerzgrenze ist: Der Verhandlungspartner wird stets versuchen, den Preis zu drücken. In diesem Fall kann nur gewinnen, wer die Grenzen seines persönlichen Verhandlungsspielraums klar definiert hat und gegebenfalls mit aller Vehemenz verteidigt.

Wann immer ich aber dieses »Geiz ist geil«-Thema diskutiere, wird mir erklärt, dass es sich hierbei um ein allgemeingesellschaftliches Problem handle. Die heutigen Kunden, so höre ich dann, seien einfach nicht mehr bereit, für irgendetwas Geld auszugeben. Sie würden sich bei allem nur noch für das Billigste entscheiden. Daher sei es eben Tatsache, dass man nur als günstigster Anbieter zum Zuge kommen könne. Diese Theorie scheint mir aus zwei Gründen falsch zu sein. Beginnen wir mit der Annahme, dass Kunden prinzipiell nur billig einkaufen wollten. Träfe dies zu, so gäbe es genau eine Art von Hemden, Hosen, Schuhen und sonstigen Gütern. Diese würden natürlich ausschließlich beim preisgünstigsten Discounter des Landes erworben. Hochpreisige Markenware wäre längst vom Markt verschwunden. Außerdem würden Kunden aus Prinzip vor jedem Kauf versuchen, die Ware rabattiert zu erhalten. Sie würden also selbst an der Supermarktkasse feilschen. Da das aber alles nicht der Fall ist, liegt der Fehler offenbar woanders.

> Ich persönlich sehe das größte Problem darin, dass den meisten Menschen ihr eigener Wert nicht bewusst ist.

Doch schon im Daodejing heißt es: »Nichts ist dir näher als du selbst. Doch wenn du dich selbst nicht kennst, wie willst du dann andere kennen?« Eine Einsicht, die ich für die hier diskutierte Problematik folgendermaßen erweitern möchte:

> Wenn du selbst deinen Wert nicht kennst, wie soll ihn dann ein anderer kennen?

Sobald Sie also das nächste Mal einer scheinbar überlegenen Person gegenüber Ihren Preis verteidigen müssen, fragen Sie sich doch einmal, ob Ihr Gegner wohl auch im Supermarkt verhandelt. Was aber machen die dortigen Verantwortlichen anders als Sie? Ganz einfach: Sie wissen, welchen Gegenwert sie für ihre Ware bekommen wollen, vertreten diesen Entschluss standhaft und haben keine Angst vor Ablehnung seitens der Kundschaft.

Meiner Meinung nach hat das oft viel zu leichtfertige Nachgeben in Preisverhandlungen seinen Ursprung in einer Emotion: Es ist die Angst, sich zurückgewiesen zu fühlen, die ohnehin meist viel größer ist als die Wahrscheinlichkeit, tatsächlich zurückgewiesen zu werden.

Und nur diese verleitet viele dazu, dem Kunden weiter entgegenzukommen, als sie es sich eigentlich leisten können.

> Hier lehrt uns das Prinzip der Standhaftigkeit, unser Ziel niemals für die kurzfristige Befriedigung unserer Emotionen aus den Augen zu verlieren.

Lassen Sie mich aber noch einmal auf das Argument zurückkommen, hohe Preise seien in der heutigen Zeit ganz generell nicht mehr durchsetzbar. Bitte überlegen Sie kurz, ob das auch auf Autos, Mobiltelefone, Kleidung und sonstige Accessoires des täglichen Lebens zutrifft. Sind nicht in all diesen Bereichen Güter im Handel für Menschen, die mit ihnen ihren Reichtum zur Schau stellen wollen?

Verstehen Sie mich nicht falsch: Ein hoher Preis alleine erzeugt noch kein gutes Gefühl. Das entsteht erst dann, wenn ich sicher sein kann, dass auch mein Umfeld weiß, wie viel etwas gekostet hat. Besonders genial setzt dieses Prinzip ein großer Elektronikkonzern hier wie auch in Asien um, der vor allem für seine hochpreisigen Mobiltelefone bekannt ist. Im Gegensatz zu anderen Herstellern verkauft er ausschließlich Geräte der sehr gehobenen Preisklasse. Die Botschaft, die wo immer möglich kommuniziert wird, ist klar: »Bei uns gibt es nichts Billiges. Wer sich unsere Sachen leisten kann, der hat Geld.«

Nun ist die Befriedigung von Emotionen natürlich nicht der einzige Grund, sich für ein bestimmtes Produkt zu entscheiden. Tatsache aber ist, dass auch die Sucht nach Anerkennung eine Emotion ist.

Diese Emotion nutzen viele Angreifer sehr geschickt. Ich möchte Ihnen zwar an dieser Stelle keineswegs davon abraten, bestimmte Produkte zu kaufen oder zu verwenden. Ich möchte Ihnen jedoch empfehlen, den Fehler zu vermeiden, den der Verhaltensforscher Paco Hill in seinem Buch »Warum wir kaufen« so treffend beschreibt: »Wir tätigen einen Kauf aus einer Emotion heraus und finden dann einen Grund, um ihn vor uns selbst zu rechtfertigen.«

Wer das umgehen möchte, sollte sich auch vor jeder Kaufentscheidung ein Ziel definieren und dieses standhaft verfolgen.

Mir bleibt für dieses Kapitel noch ein letzter wichtiger Punkt.

> Ein guter Standpunkt alleine nutzt uns reichlich wenig, wenn wir nicht in der Lage sind, diesen gegebenenfalls auch zu verteidigen.

Zu diesem Zweck steht uns eine mächtige Waffe zur Verfügung, deren Handhabung aber geübt sein will: das »Nein-Sagen«.

Das Wort »Nein« alleine
gewinnt noch keinen Kampf.

Seine wirkliche Kraft entwickelt es erst zusammen mit der unbeugsamen Haltung des Kämpfers, der es ausspricht.

Aus mir unerfindlichen Gründen machen viele Menschen aber einen großen Bogen um dieses wunderbare Werkzeug. Das scheint mir umso erstaunlicher, als es ihnen nachher schlecht geht, wenn sie sich von jenen Menschen, denen sie willig zur Verfügung gestanden haben, ausgenutzt fühlen. Der amerikanische Autor Josh Billings hat einmal gesagt: »Die Hälfte der Kümmernisse dieses Lebens kann darauf zurückgeführt werden, dass man zu schnell ja oder nicht früh genug nein sagte.« Auch ich selbst konnte lange Zeit keine Bitten und keine Angebote abschlagen, obwohl ich mich nachher regelmäßig darüber geärgert habe. Bis mir eines Tages mein Meister in Shaolin gesagt hat:

»Jedes Nein macht dich stärker.«

In dem Moment habe ich verstanden, dass sich in diesem einen Wort alles vereint, was ich bis dahin über den Umgang mit Gefühlen gelernt hatte. Jeder Angriff und jede Attacke, so wurde mir klar, ist nichts anderes als die Frage eines Gegners: »Möchtest du mit mir kämpfen?« Wer in der Lage ist, diese Frage aus tiefster Überzeugung heraus mit »Nein!« zu beantworten, der hat große Chancen, jeden Kampf zu gewinnen, noch bevor er begonnen hat.

Ein starkes Nein muss immer aus Ihrer eigenen Mitte kommen. Nur dann fühlt es der Gegner als unanfechtbar, und es braucht weder Erklärungen noch Ausreden oder wie auch immer geartete Emotion. Üben Sie, nein zu sagen.
Die anderen können es auch. Und Ihrer Standhaftigkeit wird es mehr nutzen, als Latein lesen zu können.

Übungen

*Die Beschäftigung mit den folgenden Fragen
soll Sie dabei unterstützen, Ihre Standhaftigkeit
zu verbessern.*

Wer definiert den Wert Ihrer Leistung?

_____

_____

_____

Ist das wirklich so?

_____

_____

Warum ist es wichtig zu wissen, was andere verdienen?

_____

_____

Muss man vor anderen immer zu seiner Meinung stehen?

_____

_____

_____

ÜBUNGEN

Wer hat die größten Chancen, Ihre Meinung zu beeinflussen? Warum?

_____
_____
_____
_____
_____

Welchen Sinn macht es, darüber nachzudenken, was man nicht hat?

_____
_____
_____
_____
_____

Warum sind Sie auf dieser Welt privilegiert?

_____
_____
_____
_____
_____

Welche Emotion steht hinter der Angst vor Kritik?

_____

_____

_____

_____

Wie kann man diese Emotion besiegen?

_____

_____

_____

_____

Wann fällt Ihnen ein eigentlich notwendiges Nein besonders schwer? Was tun Sie in dieser Situation?

_____

_____

_____

Wie können Sie Nein-Sagen üben?

_____

_____

_____

Was den Gegner dazu
bewegt, sich zu nähern,
 ist die Aussicht auf Vorteil.
Was den Gegner
 vom Kommen abhält,
ist die Aussicht auf Schaden.

(Sunzi)

6

Das Prinzip der Gegenwehr

*Eine Pistole schlägt immer
vier Asse im Poker.
(Aus Italien)*

Lerne, Kämpfe zu beenden, bevor sie begonnen haben

In meiner Jugend wurde jemand, der sich darüber beklagte, schlecht behandelt zu werden, von seinem Umfeld getröstet. Man bekundete freundliches Verständnis und war froh, selbst nicht in der Position des Angegriffenen zu sein. Interessanterweise hat sich die Reaktion der Mitmenschen im Laufe der Jahre radikal verändert. Wer sich heute beschwert, bekommt statt Mitleid meist zu hören: »Nicht die anderen machen mit dir, du lässt mit dir machen!«

Dieses »Du lässt mit dir machen« ist zwar zweifelsfrei richtig. Aber dennoch ist es nur die halbe Wahrheit. Denn ob ich mich unter Druck setzen lasse oder nicht, ändert ja nichts an der Tatsache, dass ein anderer diesen Druck bewusst und aktiv ausübt!

Im Grunde muss man nur den obigen Satz weiterdenken, um zu verstehen, dass die Dinge nicht so einfach liegen. Hieße es nämlich »Nicht ein anderer greift dich an, du lässt dich angreifen!«, so wäre sofort klar, dass hier etwas nicht stimmt.

Verstehen Sie mich bitte richtig. Ich möchte Sie keinesfalls aus der Verantwortung entlassen, mit den bis hierher gelernten Techniken auf Sie zielende Angriffe ins Leere laufen zu lassen. Schließlich gehören zu jedem Kampf immer ein Angreifer und einer, der auf die Attacke im Sinne des Angreifers reagiert. Ich halte aber dennoch diese »Du lässt ja mit dir machen!«-Einstellung für ziemlich gefährlich. Sie beinhaltet nämlich indirekt eine Schuldzuweisung. Und diese bewirkt, dass der Betroffene die Ursache für den Angriff alleine bei sich sucht und sich dadurch seinen Gegnern hilflos ausgeliefert fühlt. Schließlich müsste er ja theoretisch nur seine Reaktion ändern, und die Angriffe würden augenblicklich aufhören. Ist das aber wirklich so?

Schauen wir einmal nach Shaolin. Erinnern Sie sich noch an das gemütliche Zimmer, das Sie sich für das Prinzip der Abgrenzung eingerichtet haben? Stellen Sie sich einmal vor, jemand würde in das Zimmer eines Kampfmönches stürmen und beginnen, es zu verwüsten. Wie würde der Mönch wohl reagieren? Ginge er in sich, um zu überlegen, womit er diesen Angriff auf sich gezogen und damit quasi akzeptiert hat? Oder hätte ein Kampfmönch nicht vielmehr bereits lange vorher sein Zimmer so geschützt, dass es dem Angreifer unmöglich wäre, den Raum auch nur zu betreten? Schon unsere mentale Vorbereitung auf eine mögliche Attacke entscheidet, wie leicht wir später in einen Kampf hineingezogen werden können.

Mir ist wichtig, dass Sie verstehen: Gegenwehr hat nichts

mit Abwehr zu tun. Abwehr ist eine emotionale, meist unkontrollierbare Reaktion auf einen Angriff.

> Gegenwehr hingegen bedeutet, die mentalen Vorbereitungen rechtzeitig zu treffen, um im Falle des Falles über ein gut eingeübtes Arsenal an Antworttechniken zu verfügen.

Eine davon kennen die Chinesen als »Die Rolle des Gastes in die des Gastgebers umkehren«. Hierbei handelt es sich um eine Strategie für den kampflosen Sieg, die auf der List eines Generals namens Cao Wei beruht. Dieser erhielt eines Tages den Auftrag, das Reich von Xi Xia zu unterwerfen. Da er sich aber auf ungünstigem Gebiet befand, entschied er, trotz einer erfolgreichen ersten Schlacht, die Feinde entkommen zu lassen und nur das Vieh an sich zu nehmen. Die flüchtenden Kämpfer von Xi Xia, die sich darüber wunderten, nicht verfolgt zu werden, vermuteten, der General sei aus einem anderen, ihnen nicht bekannten Grund geschwächt. Doch als sie wieder umkehrten, um selbst noch einmal anzugreifen, war Cao Wei der »Gastgeber« und damit in der stärkeren Position: Da er seine Gegner sozusagen »bei sich zu Hause« empfing, konnte er sie vollständig vernichten.

Nun geht es beim Prinzip der Gegenwehr weniger um die Vernichtung irgendwelcher Gegner als vielmehr darum, wo immer möglich bewusst aus der stärkeren Position des Gastgebers zu agieren. Anders gesagt: Sie sollten derjenige sein, der die Bedingungen festlegt.

Leider leben wir nicht in einer Welt, in der alle Wesen gleich sind. Ganz im Gegenteil: »Des einen Tod ist des anderen Brot«, lautet ein altes Sprichwort, das uns an eine wichtige Tatsache erinnern möchte: Zwischen der Rolle des Gastgebers und der des Gastes gibt es kein Mittelding. Wir sind immer entweder das eine oder das andere. Entweder wir bestimmen oder wir müssen gehorchen. Eine dritte Möglichkeit gibt es nicht. Das gilt ganz unterschiedslos für alle Bereiche des Lebens.

> Das Prinzip der Gegenwehr lehrt uns, dass es ganz allein unsere persönliche Entscheidung ist, in welche der beiden Rollen wir schlüpfen.

Halten wir aber still und tun nichts, dann wird uns die Rolle zugewiesen. Und ich darf Ihnen versichern, dass es nicht die des Hausherrn ist.

Schreiben Sie bitte drei Situationen in Ihr Heft, in denen Sie in der letzten Zeit die Rolle des Gastes akzeptieren mussten. *Notieren Sie daneben,* was Sie hätten tun können, um Ihren Gegner als Gastgeber zu empfangen.

Obwohl dieses Prinzip wahrscheinlich vielen Menschen bekannt ist, leben dennoch wenige danach. Das liegt vermutlich daran, dass die meisten Lebewesen ihre Gegner vor allem danach einschätzen, wie diese aussehen. So fürchten auch wir Menschen uns spontan eher vor großen Tieren, selbst wenn diese in Wirklichkeit harmlos sind, als vor solchen, die zwar klein, aber beispielsweise tödlich giftig sind. Wir beurteilen die Situation erst dann anders, wenn uns die wahren Fähigkeiten unseres Gegners bewusst werden. Ein Sachverhalt, den der italienische Staatsmann Niccolò Machiavelli in seinem berühmten Werk »Der Fürst« folgendermaßen warnend auf den Punkt bringt: »Alle sehen in dir den, als der du erscheinst. Wenige sind es, die dich als den fühlen, der du bist.«

Natürlich verschafft dieser Umstand manchen Menschen einen unschätzbaren Vorteil. So wird sich ein Mann, der über eine Körpergröße von über zwei Metern und ein hohes Kampfgewicht verfügt, sehr wahrscheinlich weniger häufig Angriffen ausgesetzt sehen als jemand, der nur 1,64 Meter klein ist. Das ist selbst dann so, wenn in dem Hünen ein Stubenhocker steckt, der schon nach drei Schritten außer Atem gerät, und der Kleine mein ehemaliger Shaolin-Meister Shi De Cheng ist. Vor einiger Zeit habe ich einen Mitarbeiter einer Sicherheitsfirma kennengelernt, der dieses Prinzip auf eine beeindruckende Weise verkörpert. Obwohl er etwas kleiner ist als ich, entspricht der Umfang seiner Unterarme wohl dem meiner Oberschenkel, und in seinem Brustkorb hätte meiner dreimal Platz. Die Hauptaufgabe dieses Herrn ist es, abgetrennte VIP-Bereiche zu bewachen, zu denen nur ausgewählte Kunden Zutritt haben. Und obwohl er immer ausnehmend freundlich ist, habe ich noch nie erlebt, dass abgewiesene Gäste auf die Idee gekommen wären, seine Anweisungen in Frage zu stellen.

Nun habe ich im Laufe der vergangenen Kapitel mehrfach verdeutlicht, dass sich die heutigen Kämpfe nicht mehr vorrangig auf der körperlichen Ebene abspielen. Es gewinnt vielmehr derjenige, der mental stärker ist. Warum aber erzähle ich dann vom körperlichen Kampf? Weil die dahinterstehenden Prinzipien weitestgehend die gleichen sind. Wie ein Bodybuilder seinen Körper stählt, um damit Macht und Unbesiegbarkeit auszustrahlen, muss, wer heute kampflos siegen will, seinen Geist trainieren.

> Wenn wir Kämpfe vermeiden wollen, dann müssen wir unseren Geist fit machen für die Möglichkeit einer Auseinandersetzung.

Wenn ein entschlossener Geist auch nicht so offensichtlich ist wie große Muskeln, haben Menschen doch ein sehr feines Gespür dafür, wen man besser in Ruhe lässt.

So wurde ein Zen-Meister eines Tages gefragt: »Meister, warum duldet Ihr unbesonnene Fragen?« Der Mönch sah auf, lächelte und sagte: »Um uns allen die Gelegenheit zu geben, Fragen wie diese kennenzulernen.«

Ganz ehrlich: Hätten Sie in dieser Situation noch etwas entgegnet? *Nehmen Sie bitte wieder ihr Heft zur Hand,* und unterteilen Sie die Hälfte einer Seite in drei Spalten. *Schreiben Sie nun* in die linke Spalte drei bis fünf Eigenschaften, die Ihrer Meinung nach einen »geistigen Bodybuilder« ausmachen. Was sind solche mentalen Muskeln, die andere vom Angriff abhalten?

Ich denke da an echtes Bewusstsein für die eigenen Möglichkeiten und das Wissen um die Tatsache, dass auch wir unserem Gegner durchaus gefährlich werden könnten.

> Schwach ist schließlich nur derjenige, der sich selbst für schwach hält.

Ich denke an die Fähigkeit, selbst die wildesten Drohungen lächelnd zu überhören und so ins Leere laufen zu lassen. Überlegen Sie anschließend bei jeder Eigenschaft, ob Sie selbst bereits über sie verfügen. Falls ja, *markieren Sie* sie deutlich, indem Sie sie mehrfach unterstreichen oder einkringeln. Diese Fähigkeiten zählen nämlich zum Wertvollsten, was Sie besitzen! *Bei allen anderen notieren Sie jeweils* in die zweite Spalte, was genau diese ausmacht. Schreiben Sie zum Schluss in die dritte Spalte, wie Sie selbst diese Eigenschaften erlangen und trainieren können.

Das Prinzip der Gegenwehr lehrt uns aber noch viel mehr. Es fordert uns auf, nicht nur uns selbst, sondern vielmehr auch unsere Gegner kennenzulernen. Wir sollen verstehen, wann diese meinen, dass ein Angriff vorteilhaft sei und auf welche Art sie uns dann attackieren.

> Entwickeln Sie ein Gefühl dafür, wann ein Gegner sich bereit macht, Sie anzugreifen.

Sunzi schreibt dazu in der »Kunst des Krieges«: »Wenn du dich und den Feind kennst, brauchst du den Ausgang von hundert Schlachten nicht zu fürchten. Wenn du dich selbst kennst, doch nicht den Feind, wirst du für jeden Sieg, den du erringst, eine Niederlage erleiden. Wenn du aber weder den Feind noch dich selbst kennst, wirst du in jeder Schlacht unterliegen.«

Wie oben herausgearbeitet, richten sich alle Angriffe, die nicht auf eine körperliche Verletzung abzielen, gegen unsere Emotionen.

> Nur wer versteht, wie und wodurch es einem Gegner gelingt, ihn bei seinen emotionalen Schwachpunkten zu attackieren, hat überhaupt eine Chance auf Gegenwehr.

Beginnen wir mit der häufig als Angriffsziel unterschätzten Emotion der Freude. Hier wird die eigentlich recht einfache Attacke gern damit eingeleitet, dass der Gegner uns ein kleines Geschenk macht. So harmlos das auf den ersten Blick erscheinen mag, so weitreichend können die Folgen eines solchen Angriffs sein. Der Freude steht nämlich unbewusst die Emotion der Scham gegenüber. Und dadurch wird in uns das Gefühl geweckt, bei dem für unser Glück Verantwortlichen in der Schuld zu stehen. Angewendet wird diese Technik häufig in Supermärkten, wo man den Kunden tatsächlich kostenlose Proben zur Verkostung anbietet. Genau genommen wäre niemand dazu verpflichtet, sich im Gegenzug erkenntlich zu zeigen. Gleichzeitig haben aber gerade die großen Konzerne, von denen diese »Geschenke« meistens kommen, natürlich im

Wortsinn nichts zu verschenken. Warum aber tun sie es dann?

> Ihre Gegner wissen, dass Menschen, die unvorbereitet in ein solches Angriffsszenario geraten, wunderbar manipulierbar sind.

Denken Sie einmal an sich selbst: Was tun Sie, wenn Sie kostenlos ein kleines Schälchen Joghurt, einen Brothappen oder sonst eine Gratisprobe konsumiert haben? Ich selbst habe mich früher immer wieder dabei ertappt, entweder übertrieben deutlich zu kommunizieren, dass mir das getestete Produkt überhaupt nicht zusagt, oder zumindest zu fragen, in welchem Regal es denn zu finden sei. Oft ging ich sogar so weit, mir eine Packung des beworbenen Produktes in den Einkaufskorb zu legen, nur um diese dann wieder zu entsorgen, sobald ich um die nächste Ecke gebogen war. Eigentlich ein erstaunlicher Aufwand dafür, dass mir jemand etwas schenkt, finden Sie nicht?

Sollten Sie bei sich ein ähnliches Verhalten beobachten und immer wieder mit Dingen nach Hause gehen, die Sie nur aus Pflichtgefühl kaufen, gibt es Abhilfe. Nutzen Sie einfach Ihre Fantasie! In diesem Fall besteht die Gegenwehr darin, sich vorzustellen, man bediene sich bei einem bezahlten Buffet. Dort haben Sie ja nachher auch nicht das Bedürfnis, den Laden leer zu kaufen, oder?

Ein weiterer wichtiger Angriffspunkt, den nur sehr wenige realisieren, ist die berühmte Macht der Gewohnheit, die unserem Wunsch nach Bequemlichkeit entspringt.

»Gewohnheit ist stärker als Erlerntes«, sagen die Chinesen und bringen damit das Problem auf den Punkt:

> Wer aus Gewohnheit agiert, handelt sehr häufig gegen sein besseres Wissen.

Auch wenn es sich hierbei vordergründig nicht um eine Emotion handelt, ist der dahinterstehende Mechanismus doch sehr ähnlich. Wer aus reiner Gewohnheit ständig wider die eigenen Interessen handelt, hat in Wahrheit oft Angst davor, es nach einer Veränderung noch schlechter zu haben. Wieder einmal sind wir beim mächtigsten aller Gefühle, das einem Gegner zur Verfügung steht, wenn es um Manipulation geht: der Angst.

Lassen Sie mich das an einem Beispiel illustrieren. In der Reisebranche sind die meisten Guides freiberuflich tätig. Das ist per se einmal nichts Schlechtes, bedeutet aber, dass sie nur dann Geld bekommen, wenn die zu leitende Reise tatsächlich zustande kommt. Wird sie wegen zu geringer Teilnehmerzahl abgesagt, bekommen die Reiseleiter nichts. Das mag jetzt auf den ersten Blick logisch und sogar fair erscheinen. Schließlich verdient in diesem Fall auch der Veranstalter nichts. Der Haken an der Sache ist aber, dass sich der Reiseleiter natürlich vorab verpflichten muss, für die Dauer der Reise verfügbar zu sein und keine andere Tour anzunehmen. Solange also über die Durchführung einer Reise nicht entschieden ist, kann er die Zeit nicht anders verplanen, auch wenn er ein viel attraktiveres Angebot bekommt. Wird die Reise aber abgesagt, steht er mit leeren Händen da, denn eine Abschlags- oder Ausgleichszahlung ist nicht vorgesehen.

Solange ich in diesem Beruf tätig war, habe ich immer wieder versucht, hieran etwas zu ändern. Ein Ansinnen, das von den Kollegen meist mit dem Hinweis abgeblockt wurde, dass das eben immer schon so gewesen und daher wohl leider unmöglich zu ändern sei. Was aber unterscheidet diese Situation von dem oben geschilderten Rollenspiel mit Gast und Gastgeber? Denn auch wenn in diesem Spiel beide Seiten voneinander abhängig und daher eigentlich gleichberechtigt sind, verlieren die Reiseleiter nur aus Angst, am Ende überhaupt keinen Job mehr zu bekommen. Warum aber fürchten sich umgekehrt die Veranstalter nicht, irgendwann ohne Guides dazustehen? Weil die Reiseleiter sich aus Gewohnheit willig unterordnen und damit den Kampf verlieren, bevor dieser überhaupt begonnen hat.

> Generell ist Angst neben Zorn die mächtigste Waffe, die wir auf Geheiß eines Gegners gegen uns richten können!

Ursprünglich wurde sie wohl von der Natur geschaffen, um unser Überleben zu sichern und zu verhindern, dass wir uns in Situationen bringen, die uns schaden. Es ist nämlich eine durchaus gute Idee, einen großen Bogen um jene Höhle zu machen, in welcher der Tiger schläft. Ich nenne dieses Verhalten Respekt. Irgendwann aber hat diese Emotion begonnen, sich gegen uns zu wenden und uns zu zerstören.

So erzählt man sich in Shaolin die Geschichte von einem alten Mönch, der eines Tages unter einem Baum saß und den Seuchengott des Weges kommen sah. Der Weise fragte ihn: »Wohin gehst du?« Der Seuchengott antwortete ihm: »Ich gehe in die Stadt und werde dort hundert Menschen töten.« Auf dem Rückweg kam der Seuchengott wieder an dem Mönch vorbei. Der Alte sagte: »Du sagtest mir, du wolltest hundert Menschen töten. Reisende haben mir allerdings berichtet, dass zehntausend gestorben seien.« Der Seuchengott erwiderte: »Ich tötete nur hundert. Die übrigen hat ihre eigene Angst umgebracht.«

Nehmen Sie bitte kurz Ihr Heft zur Hand, und schreiben Sie hinein, was es bringt, wenn man sich vor einem Gespräch mit dem Chef, einer Konfrontation oder einer sonstigen unangenehmen Situation fürchtet, die man nicht umgehen kann.

Sehen Sie, wie unsinnig und sogar kontraproduktiv diese Emotion ist? Nicht nur, dass vieles ohnehin passiert.

> Durch unsere Furcht schwächen wir uns zusätzlich selbst und machen den Gegner unnötig stark!

Angst kann aber noch viel mehr. Von einem Angreifer geschickt eingesetzt, kann sie verhindern, dass jemand die ihm zugedachte Opferrolle verlässt. Wer nämlich sprichwörtlich »gelähmt ist vor Angst«, lässt willig alles über sich ergehen, um nur ja die eigene Situation nicht noch weiter zu verschlechtern. Interessanterweise ist nun die Angst, mit der moderne Angreifer spielen, gar nicht mehr die vor einer real existierenden Bedrohung.

> Heutige Gegner attackieren mit diffusen, nicht greifbaren Ängsten, die wir vor Umständen empfinden, die möglicherweise irgendwann einmal eintreten könnten.

Eines der beliebtesten Mittel, um andere Menschen von unerwünschten Veränderungen abzuhalten, ist hierbei der Hinweis auf eine ungewisse Zukunft.

Zu Beginn meine Reiseleitertätigkeit wurde ich zum Beispiel immer wieder gefragt, was ich denn um Himmels willen täte, wenn dieser oder jener Fall einträte. Zum Ärger jener, die mich mit diesen Fragen von meiner Berufswahl abbringen wollten, pflegte ich zu antworten: »Wenn das wirklich passiert, wird mir die Situation sagen, was ich zu machen habe. Und das werde ich dann tun.« Ein Prinzip, an das ich mich übrigens bis heute halte. Ich warte ab und entscheide dann je nach Situation.

Viel zu häufig glauben wir selbst für unser Leben zu wissen, was machbar ist und was unmöglich. Doch auch dahinter steckt meiner Meinung nach nur die anerzogene Angst vor dem Unbekannten, die viele Menschen daran hindert, ihre Träume zu leben. Erzähle ich beispielsweise, dass ich von Beruf Fotograf und Autor bin, kommt meistens postwendend die Frage: »Und wovon leben Sie?« Ich frage dann die betreffende Person, ob sie selbst sich denn von ihrem Beruf ernähren könne, was natürlich regelmäßig bejaht wird. »Warum«, frage ich dann, »sollte ich von meiner Tätigkeit nicht leben können?« Nach einer kurzen Denkpause erfahre ich meist, dass mein Gegenüber seit der Kindheit gehört hat, dass jemand, der in seinem Leben das tut, was ihm Freude macht, als direkte Konsequenz am Existenzminimum dahinvegetiert. Für den Spaß gäbe es schließlich die Freizeit. Hört jetzt der Betreffende, der sich selbst nie getraut hat, diesen Weg einzuschlagen, dass es offensichtlich doch möglich ist, sein »Hobby zum Beruf zu machen«, ist das Erstaunen meist groß.

Gerade vor Dingen, die Sie »irgendwo gehört haben«, sollten Sie sich ganz besonders in Acht nehmen.
Sie sind die niemals versiegende Hauptquelle für diffuse Ängste. Ihre besondere Kraft beziehen sie aus einer erstaunlichen Tatsache:

Unser Gehirn vergisst die Quelle einer Information schneller als die Information selbst.

Auch das verleiht einem kundigen Gegner Macht über uns. So wissen Sie zwar beispielsweise selbstverständlich, wie die Hauptstadt von Deutschland oder der höchste Berg der Welt heißt. Können Sie sich aber auch noch daran erinnern, von wem Sie davon ursprünglich erfahren haben?
Diese scheinbar banale Fehlfunktion unseres Denkorgans hat durchaus weitreichende Folgen. Nehmen wir

einmal an, Sie lesen in einem Inserat, in dem Zusatzversicherungen beworben werden, dass die meisten Selbständigen in der Rente nicht mit ihrem Geld auskommen. Sie denken lächelnd, dass Werbung eben von Übertreibung lebt, und gehen zum nächsten Artikel über. Als Sie aber viele Jahre später den Schritt in die Freiheit der Selbständigkeit erwägen, zögern Sie auf einmal. Denn so schön das jetzt auch alles klingen mag, denken Sie plötzlich, müssen Sie doch auch an Ihre Zukunft denken. Und irgendwo, so fällt Ihnen wieder ein, haben Sie doch gehört, dass viele Selbständige im Alter mit durchaus existenziellen Finanzproblemen kämpfen! Dass die Quelle dieser Information ein manipulatives Inserat war, ist zu diesem Zeitpunkt längst vergessen.

> Da es nun leider keinerlei Möglichkeit gibt, Informationen nur selektiv in unser Gehirn zu lassen, macht es Arbeit, uns in der Gegenwehr zu üben.

Wenn Sie das nächste Mal einen nicht überprüfbaren Sachverhalt als Grundlage für eine wichtige Entscheidung heranziehen wollen, überlegen Sie bitte vorher, wer ein Interesse daran haben könnte, dass Sie diesen Sachverhalt für wahr halten. Wem nutzt es beispielsweise, wenn Sie glauben, dass gewisse Dinge »alternativlos« sind, um eine deutsche Bundeskanzlerin zu zitieren? Leider ist es nicht immer derart offensichtlich, wenn jemand uns aktiv in einen gedanklichen Engpass treiben möchte. Das Beispiel kann aber helfen zu erkennen, wie emotionale Manipulationsversuche aussehen können. Denn sobald Sie den manipulativen Zusammenhang vergessen haben, bleibt nur noch das Wissen übrig, dass es in der betreffenden Situation, warum auch immer, einfach keinen Handlungsspielraum gegeben hat!

> Wer Angriffe dieser Art abwehren möchte, der muss sich angewöhnen, ständig zu hinterfragen, mit welchem Ziel ein anderer ihn von etwas in Kenntnis setzt.

Informationen, mit denen man Sie zu emotionalen Entscheidungen treiben will, sollten Sie nach Möglichkeit nicht in einmal in Ihre Nähe lassen.

Lassen Sie mich noch eine letzte, hochwirksame Angriffstechnik vorstellen, mit der ein Angreifer jedwede Gegenwehr schnell und effizient zu Ihrem Nachteil unterbinden kann: der Appell an Ihr Verständnis, bei dem es sich um einen der gefährlichsten Angriffe handelt. Unglücklicherweise erzeugt es unterschwellig ein sehr starkes Wohlgefühl, für die schwierige Situation eines anderen großzügig Verständnis zu haben. Aus diesem Grund fallen Attacken dieser Art zuerst meist auch gar nicht auf. Dass es sich dabei aber tatsächlich um einen Angriff handelt, erkennt man, sobald man die Situation umdreht und sich fragt: Würde auch der Gegner das geforderte Verständnis aufbringen? In den meisten Fällen wäre die Antwort ein klares »Nein«.

Lassen Sie mich das an einem Beispiel verdeutlichen. Wo immer auf der Welt in den letzten Jahrzehnten Diktaturen zusammengebrochen sind, haben deren Nutznießer nachher erklärt, sie hätten ihre Verbrechen nur deshalb begangen, weil sie im blinden Vertrauen die Befehle ihrer Vorgesetzten befolgt hätten. Natürlich wäre ihnen heute klar, dass sie damals falsch gehandelt hätten. Man müsse aber verstehen, dass sie damals eben verblendet gewesen seien, und möge sie nun heute nicht für ihre Taten verurteilen! Wissen Sie, was ich an dieser Sache erstaunlich finde? Stellen Sie sich nur einmal die umgekehrte Situation vor. Sie gehen zu einem dieser Beamten und sagen ihm, Sie hätten diese oder jene Steuer nicht gezahlt, weil Ihr Steuerberater gemeint habe, diese sei rein rechtlich gar nicht fällig. Dann würde jener Herr, der selbst immer nur Befehle ausgeführt hat, plötzlich sagen: »Da hätten Sie sich aber schon noch woanders erkundigen müssen!«

> Ich stelle oft fest:
> Unser Verständnis mindert
> die Fähigkeit zur Gegenwehr.

In diesem Zusammenhang erinnere ich mich gut an eine Situation, in der mir jemand Geld, das er von einem Dritten bekommen hatte, weitergeben, also auszahlen sollte. Doch die Zeit verging, und bei mir kam kein Geld an. Ein Freund, mit dem ich über das Thema sprach, meinte irgendwann, ich solle das Geld einfach vergessen. Wahrscheinlich habe der Dritte das Geld schon lange ausgegeben und versuche jetzt gerade verzweifelt, es anderswo wieder hereinzubekommen, um es mir dann vielleicht doch noch geben zu können. Eine Vorstellung, die in mir ein gewisses Mitleid aufkommen ließ. Sofort begann dieses Gefühl, meine Entschlossenheit zu schwächen, das Geld einzutreiben. Also beschloss ich, mich mit diesen Vorstellungen nicht weiter zu belasten. Was interessierten mich mögliche Umstände in der Lebensführung eines Dritten? Mein Bekannter hatte das Geld erhalten und würde es mir irgendwann geben. Alles andere, so machte ich mir klar, brauchte mich nicht zu kümmern.

Wäre es richtig gewesen, hier Nachsicht für eine mögliche Veruntreuung aufzubringen? Jedes Verständnis für die Situation des Dritten, so wurde mir klar, hätte am Ende dazu geführt, dass ich das mir zustehende Geld mit weniger Vehemenz eingefordert und schließlich verloren hätte.

Um nun das Prinzip der Gegenwehr erfolgreich anwenden zu können, ist es unerlässlich, etwas im eigenen Kopf zu verändern. Wie ich das meine? Gegenwehr bedeutet auch, damit aufzuhören, der Unterlegene zu sein. Es bedeutet, die Opferrolle aufzugeben, so sehr sie vielen auch zu gefallen scheint.

> Vereinfacht gesagt, lehrt uns das Prinzip der Gegenwehr, dass wir uns nicht alles gefallen lassen müssen. Es ist unsere Entscheidung, wenn wir es dennoch tun.

Besonders nützlich ist mir diese Einsicht überall dort geworden, wo jemand versucht, mir meine Zeit zu stehlen. Ein Beispiel dafür sind unerwünschte Werbeanrufe. Ich muss zugeben, dass es mir bis heute in gewisser Hinsicht widerstrebt, zu Menschen grob zu sein. Das aber führt naturgemäß dazu, dass ich für diese lästigen Verkäufer lange Zeit ein gutes Opfer war. Nicht, dass ich am Schluss jemals etwas gekauft hätte, hatten sie mir doch eine Menge Zeit gestohlen (und durchaus auch den einen oder anderen Nerv geraubt). Da ich aber nicht in der Lage war, einfach zu sagen, dass ich an dem angebotenen Produkt oder der Dienstleistung kein Interesse hatte, wurde ich wieder und wieder belästigt, bis ich irgendwann entweder am Telefon nicht mehr antwortete oder die Nummer sperren ließ.

Eines Tages zeigte mir ein Freund, dass ich das Problem auch anders lösen konnte. Als er selbst einen solchen Anruf bekam, forderte er mich auf, das Gespräch mitzuhören. Noch ehe die Dame am anderen Ende ausgeredet hatte, sagte er nur: »Das interessiert mich nicht. Lassen Sie mich von jetzt an bitte in Ruhe«, und legte auf. Als er meinen verwunderten Gesichtsausdruck sah, meinte er: »Ich habe sie nicht gebeten, mich anzurufen. Soll ich mir etwa meine Zeit stehlen lassen?« Wenn auch eine Spur freundlicher, beende ich unerwünschte Gespräche seit damals genau wie er: kurz und bündig.

Schreiben Sie bitte in Ihr Heft, wann Sie das letzte Mal gegen Ihren Willen gehandelt haben, nur um jemand anderen nicht zu verletzen. Notieren Sie bitte darunter, was Sie zu diesem Verhalten gebracht hat.

> Am Ende hat Gegenwehr immer damit zu tun, dass wir lernen müssen, fremde Erwartungen zu ignorieren, wenn diese uns behindern.

Das ist nicht einfach, weil man hier oft gegen innere Glaubenssätze ankämpfen muss, die tief in einem verwurzelt sind. Nehmen Sie als Beispiel die meist bereits in der Kindheit erlernte Verhaltensregel, zu essen, was und wie viel auf den Tisch kommt. Nicht nur einmal habe ich Menschen in Restaurants dabei beobachtet, wie diese angestrengt viel zu große Portionen heruntergewürgt haben, nur um ja nichts übrig zu lassen. Wenn man sich selbst bedient, sollte natürlich jeder in der Lage sein, den eigenen Hunger richtig einzuschätzen. Aber dort, wo man selbst gar keinen Einfluss auf die Größe der Portion hat, finde ich den inneren Zwang, aufessen zu müssen, was serviert wurde, mehr als eigenartig.

> Gegenwehr bedeutet auch, zuerst auf das eigene Wohlbefinden und dann erst auf die vermeintlichen Erwartungen eines Gastgebers zu achten.

In der Konsequenz heißt das, eben nur so viel zu essen, wie einem selbst zuträglich ist.

Eines Tages, so erzählt man sich in Shaolin, gingen ein indischer Yogi, ein Sufi-Derwisch und ein Zen-Mönch zusammen auf Reisen. Unterwegs kamen sie zu einem kleinen Fluss. Die Brücke, die ursprünglich darübergeführt hatte, war vom Schmelzwasser fortgespült worden. »Ich zeige euch, wie man einen Fluss überquert«, sagte der Yogi – und ging doch tatsächlich hinüber, und zwar auf der Wasseroberfläche! »Nein, nein, so macht man das nicht«, sagte der Derwisch. »Passt gut auf, Freunde.« Er fing an, sich im Kreis zu drehen, schneller und schneller, bis er nur noch ein verwaschener Fleck aus konzentrierter Energie war, und ganz plötzlich – peng! – sprang er ans andere Ufer. Der Zen-Mönch stand da und schüttelte den Kopf. »Ihr Dummköpfe«, sagte er. »Ich zeige euch, wie man einen Fluss überquert.« Und damit hob er sein Gewand an und watete vorsichtig durch das Wasser.

Zusammengefasst lehrt uns das Prinzip der Gegenwehr, unsere eigenen Bedürfnisse über die Erwartungen anderer Menschen zu stellen.

Mit anderen Worten: Jeder hat das Recht und die Möglichkeit, über sein eigenes Leben und sein eigenes Wohlbefinden zu bestimmen. Manchmal muss man dazu die Argumente des Gegners beim Gegner lassen und nicht zu den eigenen machen. Manchmal aber muss man dem Gegner auch klarmachen, dass er bei einem Angriff Schaden zu befürchten hat. Nur dann wird er darauf verzichten, zu kommen.

Übungen

Die Beschäftigung mit den folgenden Fragen soll Sie dabei unterstützen, das Prinzip der Gegenwehr zu verinnerlichen.

Was bedeutet es, wehrlos zu sein?

_____

_____

Wenn jemand Ihnen sagt, in einem Lexikon seien viele Einträge falsch, wem glauben Sie dann? Warum?

_____

_____

Darf man in einem Notfall ein Gesetz übertreten? Was wäre so ein Notfall?

_____

_____

Was macht einen Gegner übermächtig?

_____

_____

ÜBUNGEN

Wer hat mehr Macht über Sie: ein Chef oder ein Kollege?

_____

_____

Über wen haben Sie mehr Macht?

_____

_____

Wer bestimmt, was richtig und was falsch ist?

_____

_____

Welche Gegner sind leichter abzuwehren: Menschen, die Sie gut kennen – oder Menschen, die Ihnen zum ersten Mal begegnen?

_____

_____

Woher wissen Sie, ob Eigenlob stinkt?

_____

_____

Niemand kann dir
ohne deine Zustimmung
das Gefühl geben,
　　minderwertig zu sein.

(Eleanor Roosevelt)

7

Das Prinzip der Selbstbeherrschung

Dem wird befohlen, der sich nicht selber gehorchen kann. (Friedrich Wilhelm Nietzsche)

Lerne, deine Gefühle nur selbst zu kontrollieren

Möglicherweise verwundert es Sie, in einem Buch über den Umgang mit Emotionen ein Kapitel über Selbstbeherrschung zu finden. Schließlich sollte man doch meinen, dass jemand, der seine Gefühle im Griff hat, überhaupt nicht mehr in die Verlegenheit geraten sollte, sich beherrschen zu müssen!

Für mich ist Selbstbeherrschung aber viel mehr, als in emotionalen Situationen nicht die Kontrolle über das eigene Verhalten zu verlieren. Ich sehe das so:

> Selbstbeherrschung ist die Fähigkeit, jederzeit das eigene Gefühlsleben nach den persönlichen Vorstellungen zu gestalten und es eben nicht durch andere gestalten zu lassen.

Nehmen Sie bitte Ihr Heft, und schreiben Sie hinein, wann Sie sich das letzte Mal bewusst dazu entschlossen haben, sich über etwas zu ärgern oder von etwas zu gekränkt zu fühlen. Sollte das noch nie der Fall gewesen sein, machen Sie anstelle des Eintrages einfach einen dicken Strich.

Notieren Sie jetzt daneben, wann Sie sich das letzte Mal verletzt gefühlt haben, vor etwas Angst hatten, über etwas erzürnt waren oder sich sonst gefühlsmäßig in einer schlechten Stimmung befunden haben. *Schreiben Sie auch dazu,* was genau der tatsächliche Auslöser für Ihr emotionales Unwohlsein war.

Damals haben nämlich nicht Sie selbst, sondern vielmehr die betreffende Person Ihr Leben kontrolliert – wenn auch mit Ihrem Einverständnis. Ihre Emotionen waren in diesen Situationen also nicht selbst-, sondern fremdbeherrscht. Nun erinnern Sie sich sicher noch daran, was ich Ihnen beim Prinzip der Gegenwehr über die Rolle von Gast und Gastgeber gesagt habe. Wer nicht selbst gestaltet, der wird gestaltet. Manchmal reicht bereits ein kurzer Moment der Unachtsamkeit, und Sie werden im eigenen Haus Ihrer Emotionen vom Hausherrn zum geduldeten Gast! Den zuletzt erlebten Fall haben Sie gerade in Ihrem Heft beschrieben.

In Shaolin habe ich gelernt, dass jeder Mensch ein mächtiges Werkzeug mit auf den Weg bekommen hat, um Kontrolle über seine Gefühlswelt und damit über das eigene Leben zu haben: das Denken.

Natürlich können wir nicht beeinflussen, was andere

tun. Wir können niemandem verbieten zu versuchen, uns zu kränken, uns zu verärgern, uns zu bedrohen oder uns auf eine andere Art emotional anzugreifen.

> Wir können aber sehr wohl entscheiden, wie nahe wir die Attacke an uns heranlassen!

Eines Tages, so erzählt man sich, drang ein Dieb in die Hütte von Zen-Meister Shichiri Kojun ein. Er sagte: »Geld her, oder ich werde dich töten!« Kojun erwiderte ruhig: »Mein Geld ist dort drüben in dem Kästchen. Nimm es dir, aber lass mir noch ein wenig übrig, da ich morgen etwas Reis kaufen möchte.« Der Dieb war zwar erstaunt, griff sich aber dann doch fast das ganze Geld. Als er schon an der Tür war, sagte Kojun: »Wenn man etwas erhalten hat, sollte man sich auch dafür bedanken.« Kopfschüttelnd bedankte sich der Dieb und verschwand. Als er wenig später bei einem anderen Einbruch ertappt wurde, gestand er, auch Zen-Meister Kojun bestohlen zu haben. Kojun wurde daraufhin zur Polizeiwache gerufen. »Dieser Dieb hat auch euer Geld gestohlen, nicht wahr?«, fragte der Polizist. »Oh nein!«, sagte Kojun, »er hat mir nichts gestohlen! Ich gab ihm das Geld, und er hat sich dafür bedankt.« Als der Mann seine wegen anderer Vergehen verhängte Strafe verbüßt hatte, kam er zu Meister Kojun und bat ihn, sein Schüler werden zu dürfen.

Auf den ersten Blick erscheint die Reaktion des Meisters bestimmt unverständlich. Wie aber hätte er reagieren sollen? Sein Geld, so viel war klar, war in jedem Fall weg.

Natürlich hätte er sich noch zusätzlich darüber ärgern und aufregen können, dass er Opfer eines Diebes geworden war. Er hätte zornig herumspringen, mit dem Kopf gegen die Wand schlagen und ewige Rache schwören können. Aber was genau hätte ihm das gebracht? *Schreiben Sie es in Ihr Heft.*

Hier aber begab sich Kojun aus der Situation des Betroffenen in jene des Handelnden und verließ, indem er die Situation einfach umkehrte, die Opferrolle. Weil er entschlossen war, die Herrschaft über sein Wohlbefinden nicht aus der Hand zu geben, nahm Kojun dem Dieb die Möglichkeit, ihn zusätzlich zu demütigen.

Am Ende schaden uns meist nicht die Handlungen anderer Menschen, sondern vielmehr jene Gedanken, die wir infolge von Attacken in uns aufsteigen lassen.

Schon vor über 2500 Jahren erkannte Buddha, dass wir »das sind, was wir denken«.

> Unser Denken formt unsere Einstellungen, unseren Charakter, unsere Entscheidungen – und damit unser Leben. Und in unserem Denken können wir das alles jederzeit wieder ändern.

In der Praxis reicht es dazu aus, eine ungewohnte oder zu verändernde Situation lange genug im Kopf durchzuspielen. Irgendwann erscheint sie uns plötzlich auf eine so selbstverständliche Art vertraut, dass wir meinen, sie wäre niemals anderes gewesen.

Zunutze machen sich diesen Umstand unter anderem

Ski-Abfahrtsläufer, die vor einem Rennen wieder und wieder gedanklich die zu bewältigende Strecke abfahren. Bei den ersten Malen versetzen schwierige Stellen und gefährliche Sprünge sie in den gleichen angstvollen Zustand, als rasten sie gerade tatsächlich die Piste hinunter. Mit jedem Durchgang aber, bei dem der Rennläufer die Herausforderungen gedanklich meistert, erscheinen ihm diese vertrauter und verlieren von Mal zu Mal mehr von ihrem Schrecken. Kommt der Athlet nun im Zuge der Abfahrt an die kritischen Stellen, kann er diese völlig ruhig und ohne Angst vor einem möglichem Sturz mit maximaler Geschwindigkeit passieren.

> Auch Sie können diese Technik der gedanklichen Simulation nutzen, um jede Lebenssituation emotional nach Ihren eigenen Ideen zu gestalten!

Lassen Sie mich das Vorgehen an einem Beispiel zeigen. *Bitte nehmen Sie Ihr Heft.* Versetzen Sie sich dann gedanklich in eine Lage, in der Sie gerne anders agieren würden, als Sie es bis jetzt immer getan haben. Das kann ein Gespräch mit einem Vorgesetzten oder einem unangenehmen Kunden sein, eine Prüfungssituation, eine Rede vor vielen Menschen, eine Demütigung oder sonst etwas, das Ihnen emotionale Probleme bereitet. Tauchen Sie so weit in die Situation ein, dass Sie die mit ihr verbundenen Gefühle ganz deutlich spüren. Sobald Sie so weit sind, geben Sie der Szene einen Namen wie »Chefgespräch« oder »Kundenvorführung« und schreiben Sie diesen oben auf eine neue Seite in Ihr Heft. *Notieren Sie darunter* die fünf stärksten Emotionen, welche die Situation in Ihnen auslöst. *Schreiben Sie anschließend* an den unteren Rand der Seite, wie Sie die Szene gerne erleben würden. Sobald Sie damit fertig sind, gehen Sie die Szene nochmals im Kopf durch. Lassen Sie dabei ganz bewusst zu, dass Angst, Zorn, Hass oder andere Gefühle in Ihnen hochkommen. Das ist normal und zeigt nur, dass Sie die Situation gedanklich wirklich durchleben. Die Rennläufer haben beim ersten Mal auch Angst. *Lesen Sie jetzt in Ihrem Heft nach,* wie Sie gerne agieren möchten, und stellen Sie sich die Szene noch einmal vor. Versuchen Sie aber dieses Mal, ganz bewusst auf die gewünschte Art zu reagieren. Konfrontieren Sie Ihr Gegenüber, und setzen Sie Ihre Vorstellungen durch. Brillieren Sie beim Prüfungsgespräch!

Ein Beispiel: Sie wollen Ihre Preise verdreifachen, haben jedoch Angst vor der Reaktion Ihrer Klienten. Vor Ihrem geistigen Auge erscheint also ein neuer Kunde, der fragt, was Ihre Dienstleistung denn koste. Stellen Sie sich jetzt vor, wie Sie ihm möglichst selbstverständlich den neuen, stark erhöhten Preis nennen. Wenn Sie wirklich in die Situation eingetaucht sind, kostet diese Vorstellung Sie die ersten Male wahrscheinlich Überwindung, da Sie die verdutzte Reaktion Ihres Gegenübers verunsichert. Aber warum sollte der andere eigentlich überrascht sein? Er kennt die alten Preise ja gar nicht! Misstrauisch machen würde ihn höchstens die Unsicherheit, mit der Sie ihm signalisieren, sich selbst vor Ihren neuen Preisen zu fürchten.

Bevor Sie weiterlesen, spielen Sie die Szene bitte noch

zehn Mal mit dem Ziel durch, sie wie gewollt zu erleben. *Notieren Sie dann in Ihrem Heft* auf dem freien Platz zwischen den ursprünglichen und den gewünschten Gefühlen, welche Emotionen Sie jeweils mit dieser Situation verbinden und ob Sie sich den am unteren Seitenrand notierten »Zielgefühlen« nähern. Wiederholen Sie diese Übung in den nächsten Tagen bitte, wann immer Sie gerade Zeit haben. Sehr bald werden Sie erstaunt feststellen, dass Ihnen das neue Denken und damit auch das neue Handeln so selbstverständlich geworden sind wie das alte.

So nützlich unser Denken nun auf der einen Seite ist, so sorgsam sollten wir auf der anderen Seite mit dieser Fähigkeit umgehen.

> Da jeder Gedanke in uns eine gewisse Erwartungshaltung erzeugt, die uns meist gar nicht bewusst ist, übt das Denken umgekehrt auch eine nicht zu unterschätzende Macht auf uns aus.

Das kann zum Beispiel so aussehen: Ich kündige Ihnen an, dass Sie in wenigen Minuten prominenten Besuch erhalten werden. Der langjährige Abt des Shaolin-Klosters möchte bei Ihnen vorbeischauen. Wie würden Sie nun reagieren, wenn die Ansichten Ihres Gastes bezüglich eines geglückten Lebens sehr stark von den Ihrigen abweichen? Täten Sie diese als Unsinn ab, oder sähen Sie darin einen zumindest gleichwertigen, diskussionswürdigen Ansatz? *Notieren Sie es bitte.*

Stellen Sie sich jetzt vor, ich kündigte dieselbe Person als Hilfskoch eines Chinarestaurants an, der sich für den ehemaligen Abt von Shaolin hält. Wieder haben Sie in durchaus elementaren Fragen unterschiedliche Ansichten. Hat die Meinung Ihres Gastes in diesem Fall einen anderen Wert als jene des vermeintlich echten Abts? *Notieren Sie bitte auch das.*

Die Frage, wie uns jemand vorgestellt wird, entscheidet darüber, wie wir die betreffende Person sehen und was wir ihr zutrauen.

> Je nach Erwartung bewerten wir ein und dieselbe Handlung völlig unterschiedlich.

Sieger machen manchmal kleine Fehler, Verlierer bekommen zufällig ab und an eben doch etwas hin. Ist Ihnen aber klar, dass das auch dann gilt, wenn die so bewertete Person Sie selbst sind?

Denken Sie daran: Abhängig davon, wie Sie sich selbst in Ihrem Kopf definieren, trauen Sie sich mehr oder weniger zu. Wer meint, ohnehin für alles zu dumm zu sein, der wird in der Folge jeden Fehler als logische Bestätigung dieser Annahme sehen. Die Abwärtsspirale, die durch diese Denkweise in Gang gesetzt wird, ist meistens nur mehr sehr schwer zu stoppen.

Gewöhnen Sie sich daher bitte rechtzeitig an, sich vor sich selbst immer bestmöglich zu präsentieren! Sich zu erlauben, vor sich selbst gut auszusehen, hat nichts mit Eigenlob zu tun, sondern ist vielmehr eine überlebensnotwendige Einstellung. Auch das eigene Selbstbild zu kontrollieren ist eine Form der Selbstbeherrschung. Vergessen Sie nicht:

> Wir suchen immer das,
> was unsere einmal eingeschlagene
> Gefühlsrichtung verstärkt!

Wie sollten Sie also reagieren, wenn jemand anders versucht, Sie zu schwächen, indem er Sie herablassend behandelt? Oder wenn Sie in Ihrer Kindheit ständig gehört haben, dass Sie eigentlich zu nichts taugen?

Dann ist es ganz allein Ihre Verantwortung, diese Gedanken nicht in Ihr Bewusstsein vordringen und damit zu Emotionen werden zu lassen!

Der Überlieferung nach trat Buddha, nachdem er die Erleuchtung erlangt hatte, vor seine Mitbrüder und erläuterte das Problem mit den folgenden Worten: »Gleich wie etwa ein scharfsehender Mann, der eine in seinen Gesichtskreis getretene Erscheinungen nicht verfolgen will, die Augen schließen oder anderswo hinzublicken vermag: Ebenso soll ein Mönch, wenn ihm bei seiner Betrachtung noch böse, unwürdige Erwägungen aufsteigen, Bilder der Gier, des Hasses und der Verblendung, solchen Erwägungen keinen Sinn, keine Beachtung schenken. Während er solchen Erwägungen keinen Sinn, keine Beachtung schenkt, schwinden die bösen, unwürdigen Erwägungen, die Bilder der Gier, des Hasses und der Verblendung lösen sich auf, und weil es sie überwunden hat, festigt sich eben das innige Herz, beruhigt sich, wird einig und stark.«

> Das Prinzip der Selbstbeherrschung lehrt uns, nur jene Gedanken in unser Bewusstsein zu lassen, die uns stärken und weiterbringen.

Das hat weder etwas mit Überheblichkeit noch mit Kritikunfähigkeit zu tun. Aber es gibt Gedanken, die keinen anderen Zweck haben, als uns emotional hinunterzuziehen. So habe ich vor einiger Zeit zu einem Freund gesagt: »Ganz egal wie du dich entscheidest, du hast meine volle Unterstützung!« Worauf er nur meinte: »Selbst wenn ich sie nicht hätte, müsste ich meinen Weg ohnehin gehen.« Verstehen Sie, worauf ich hinausmöchte? Was wollte er mit dieser Antwort bezwecken, außer sich selbst zu schwächen?

Übrigens muss man eine Sache nicht unbedingt schlecht gemacht haben, um sie das nächste Mal besser machen zu können. Denn selbst wenn ich dieses Mal schon gut war, kann ich beim folgenden Mal noch besser werden!

Vergessen Sie nicht, dass Ihr Bewusstsein wie ein hochspezialisierter Spürhund ist. Je nachdem, worauf Sie ihn ansetzen, wird er für Sie Chancen oder aber Müll ausgraben. Die Entscheidung, was Ihr Bewusstsein zutage fördert, liegt ganz alleine bei Ihnen.

Nehmen Sie als Beispiel folgenden einfachen Satz, den Sie bitte ohne weiteres Nachdenken *in Ihr Heft schreiben:*

»Siegen wirst du nicht aber untergehen.« Fertig? Dann kontrollieren Sie bitte, ob und vor allem wo Sie ganz automatisch das Komma gesetzt haben!

Auf der anderen Seite haben, wie bereits beschrieben, auch vermeintliche oder tatsächliche Wünsche anderer Menschen einen nicht zu unterschätzenden Einfluss darauf, wie wir uns selbst sehen. Doch auch in diesem Fall dürfen wir niemals die Kontrolle über unser Wohlbefinden abgeben!

Wer nämlich ausschließlich das Ziel vor Augen hat, anderen Menschen zu gefallen, läuft sehr schnell Gefahr, sich selbst und seine eigenen Bedürfnisse dabei zu vergessen.

Bitte schreiben Sie in Ihr Heft: »Meine Bedürfnisse zählen!«

Im Shaolin-Kloster erzählt man sich dazu die Geschichte von drei Schülern, die darüber diskutierten, wer von ihnen den besten Meister hatte. »Mein Meister«, sagte der erste, »ist einfach der beste. Er kann tagelang überleben, ohne zu essen!« Daraufhin meinte der zweite: »Mein Meister hat so viel Selbstkontrolle, dass er wochenlang ohne Schlaf auskommen kann!« Woraufhin der dritte antwortet: »Mein Meister ist so weise, dass er isst, wenn er Hunger hat, und schläft, wenn er müde ist.«

Ganz abgesehen davon, dass für jeden Schüler immer derjenige Meister der beste ist, der dem Schüler selbst als solcher erscheint, demonstriert diese Erzählung noch etwas anderes: Auf andere zu schauen, erweckt in uns das besonders sinnlose Gefühl des Neides. Hier lehrt uns das Prinzip der Selbstbeherrschung, uns vor dem Entstehen von schädlichen Gefühlsregungen besonders in Acht zu nehmen.

> Und gerade Neid ist eine Emotion, die zu nichts anderem taugt, als uns selbst zu schwächen und uns dadurch zu schaden.

Was ändert es, wenn ich Ihnen Ihren Besitz oder Erfolg nicht gönne? Reichlich wenig. Außer, dass der Neid mich irgendwann buchstäblich zerfressen wird.

So heißt es in einer Zen-Geschichte, dass der Mönch Milarepa, als er zu seinem Meister nach Tibet ging, so demütig, so rein und so authentisch war, dass die anderen Schüler auf ihn eifersüchtig wurden. Da klar war, dass er der Nachfolger des Meisters würde, versuchten sie, ihn zu töten. Als sie eines Tages auf einer Reise einen Fluss überqueren mussten, sagten sie zu Milarepa, der sehr gutgläubig war: »Du brauchst das Boot nicht. Du hast so großes Vertrauen – du kannst auf dem Wasser wandeln.« Und Milarepa ging zu Fuß über das Wasser. Es war das erste Mal, dass der Meister das sah. Der sagte: »Was tust du da? Das ist doch unmöglich!« Milarepa antwortete: »Ich tue es durch deine Kraft, Meister!« Da dachte der Meister: »Wenn mein Name und meine Kraft bei diesem dummen, unwissenden Mann so etwas bewirken können – ich habe es selbst noch gar nicht versucht!« Er versuchte es und ertrank. Nie wieder ward etwas von ihm gehört.

Wer sich selbst beherrschen möchte, muss zunächst einmal die eigenen Gedanken überprüfen. Beobachten Sie sich bitte selbst: Wie viel Zeit verbringen Sie damit, schlecht über andere Menschen zu denken oder diese zu beurteilen? Ich meine Gedanken wie: »Warum macht der das eigentlich so und nicht anders?«, »Wie kann der nur so dumm sein, nicht einmal das zu wissen?« oder »Wieso weiß der nicht, dass man dies und jenes nicht darf?« Solche Überlegungen sind nicht nur sinnlos, sondern meistens sogar destruktiv. Da derjenige, dem sie gelten, nichts von ihnen erfährt, bleibt die schlechte Energie bei Ihnen.

> Gewöhnen Sie sich daher bitte an, jeden begonnenen Gedanken daraufhin zu überprüfen, ob er Ihnen guttut und Sie in der gewünschten Richtung voranbringt.

Wenn das nicht der Fall ist, lassen Sie ihn umgehend fallen, und denken Sie an etwas anderes. Auch das ist eine Form der Selbstbeherrschung.

Es gibt aber noch andere Mechanismen, mit denen andere oder durchaus auch wir selbst unsere Gefühle beeinflussen. Gerade war von schlechter Energie die Rede. Ganz allgemein sind schlechte Stimmungen besonders gefährlich, da sie sich wie eine ansteckende Krankheit sehr schnell auf alle umstehenden Menschen übertragen.

Stellen Sie sich einmal vor, Sie treffen in richtig guter Laune auf einen Menschen, der ununterbrochen leise vor sich hin schimpft. Wie reagieren Sie? Ignorieren Sie die Situation gelassen und behalten Ihre gute Laune? Oder fragen Sie irgendwann einmal gereizt: »Verdammt noch einmal, was ist denn los?«, und kommen dadurch umgehend selbst in eine schlechte Stimmung?

> Lernen Sie bitte, die Gefühle anderer Menschen von Ihren eigenen zu trennen. Und halten Sie sich von allem fern, was Ihnen nicht guttut.

Beachten Sie dabei: Es müssen gar nicht immer andere Menschen sein, die uns runterziehen. Viel öfter tun wir das selbst. Sehr häufig dadurch, dass wir uns so lange in irgendwelche theoretischen Szenarien hineinsteigern, bis diese in uns reale Emotionen auslösen.

Das sieht dann beispielsweise so aus, dass Sie Ihr Auto am Abend in einer Gegend geparkt haben, die für ihre vielen Einbrüche bekannt ist. Als Sie am nächsten Tag zu Ihrem unversehrten Wagen zurückkehren, fällt Ihnen etwas auf: Sie haben vergessen, das Auto abzuschließen! Doch damit nicht genug, entdecken Sie plötzlich, dass Ihre Handtasche die ganze Nacht über auf dem Beifahrersitz gelegen hat! Jeder hätte also einfach die Tür öffnen und die Tasche mit den Autopapieren, Ihrer Geldbörse und den Kreditkarten entnehmen können!

Notieren Sie bitte spontan in Ihr Heft, was Ihnen in einer solchen Situation durch den Kopf ginge und welche Gedanken und Gefühle die nächsten Stunden dominieren würden. Obwohl in Wirklichkeit überhaupt nichts passiert ist, wäre Ihr Tag wahrscheinlich gelaufen.

Wann immer Sie sich dabei ertappen, dass Sie sich in unangenehme Gefühle hineinsteigern, bremsen Sie sich umgehend. Andernfalls, das wissen Sie bestimmt aus eigener Erfahrung, beginnen diese unnötigen Emotionen sehr schnell, Ihr Denken zu beherrschen. Ich persönlich habe mir in diesem Zusammenhang angewöhnt, auch real existierende »emotionale Scharfmacher« umgehend zu entsorgen. Das können aggressive Beschwerde-E-Mails sein, Nachrichten, über die ich mich ärgere, oder Notizen, die jedes Mal aufs Neue in mir Zorn, Traurigkeit oder sonstige unerwünschten Gefühle auslösen.

> Denn was gestern noch auf eine Art gewesen ist, so habe ich in Shaolin gelernt, das kann heute schon wieder ganz anders sein.

Daher kann ausnahmslos alles, was nur dazu existiert, mich an das Gestern zu erinnern, weg.

Immer wieder habe ich Sie im Laufe dieses Buches vor allem auf einen Umstand hingewiesen: Die Frage, ob Sie für einen Gegner ein leichtes oder ein unmögliches Opfer sind, hängt in großem Maß von Ihrem eigenen Zustand ab.

Wer mit seinem Leben ehrlich glücklich ist, kann daher emotionale Angriffe viel leichter parieren als jemand, der sich jeden Morgen fragt, wozu er eigentlich aufsteht.

So lehrt uns das Prinzip der Selbstbeherrschung letztlich auch, die Verantwortung anzunehmen und unser Leben nach den eigenen Vorstellungen und Wünschen zu gestalten. Eine Idee, die interessanterweise viel selbstverständlicher klingt, als sie den meisten von uns in Wirklichkeit ist. Denn sobald es um das Thema »Leben« geht, neigen viele dazu, widerspruchslos hinzunehmen, was ihnen von einem sogenannten »Schicksal« vorgesetzt wird. Das ist, als würden Sie in einem Restaurant Platz nehmen, darauf warten, dass der Kellner Ihnen etwas bringt, und die servierten Speisen auch dann widerspruchslos essen, wenn sie Ihnen überhaupt nicht schmecken. Natürlich würde kein Mensch jemals so handeln. Zumindest nicht in einem Lokal. Dort geben wir eine klare Bestellung auf und erwarten dann ganz selbstverständlich, dass uns auch das gewünschte Gericht serviert wird. Warum aber, so frage ich Sie, sollte es im Leben anders sein?

So Sie gerade zustimmend nicken, lassen Sie mich fragen: Handeln Sie auch immer nach dieser Erkenntnis?

Zum Schluss habe ich noch eine gute Nachricht für Sie:

> Es ist unmöglich,
> gleichzeitig in zwei emotionalen
> Zuständen gefangen zu sein.

Sie können also, anders gesagt, nicht zur selben Zeit zornig und gelassen, nicht gleichzeitig unzufrieden und glücklich oder neidisch und zufrieden sein. Sie müssen sich also nur bewusst für die erwünschten Gefühle entscheiden, um die unerwünschten außen vor zu lassen.

> Wer denkt wie ein Shaolin, der hat verstanden, dass über die Wahl seiner Gefühle kein anderer bestimmt als er selbst.

Befohlen wird nämlich alleine dem, der sich nicht selbst gehorchen kann.

Übungen

Selbstbeherrschung kann man üben. Die Beantwortung der folgenden Fragen soll Sie dabei unterstützen.

Was brauchen Sie, um glücklich zu sein?

_____

_____

_____

Wer kann Ihnen das geben?

_____

_____

_____

Wissen Sie immer, was Sie wollen? Wirklich?

_____

_____

Was tun Sie, wenn Sie nicht wissen, was Sie wollen?

_____

_____

_____

Warum denken wir schädliche Gedanken?

___

___

___

Kann man Umstände ändern?

___

___

___

Wie können andere Menschen Ihr Denken beherrschen?

___

___

___

Meint es das Leben gut mit Ihnen?

___

___

___

___

ÜBUNGEN

Wo immer du Freude
suchst, du kannst sie
nur bei dir erreichen,
wo immer du Trauer suchst,
du kannst sie nur
bei dir selbst finden.

(Aus China)

Epilog

*Mit dem du dich tausend Mal geprügelt
und zehntausend Mal gestritten hast,
setze dich am letzten Tag des Jahres
einträchtig zum Essen nieder.*
(Aus China)

Wir sind an unserem Ziel, und ich lasse Sie jetzt wieder alleine. Ich bedanke mich ganz herzlich für Ihre Zeit und die vielen offenen Gedanken und hoffe, dass Ihnen unsere gemeinsame Reise mindestens genauso viel Freude gemacht hat wie mir.

Emotionale Selbstbestimmung, so wissen Sie jetzt, bedeutet vor allem zu verstehen, dass wir unseren Gegnern niemals wehrlos ausgeliefert sind. Selbst wenn wir diese nicht von dem Versuch abhalten können, uns emotional zu attackieren, können wir die Angriffe mit der richtigen Einstellung so ins Leere laufen lassen, dass sie in uns keinen Schaden anrichten. Schließlich entscheidet niemand außer Ihnen selbst darüber, ob Sie eine Aufforderung zum Duell annehmen oder aber einfach gelassen abwinken und weitergehen.

Verfeinern Sie Ihren mentalen Schutzanzug, handeln Sie erwartungslos, bleiben Sie standhaft, wo nötig, und lernen Sie, selbst über Ihre Gefühle und Ihr Wohlbefinden zu entscheiden.

Auch wenn nicht jede Veränderung auf Anhieb so funktionieren wird, wie Sie es gerne hätten: Der Grundstein ist gelegt. Geben Sie nicht auf, und gehen Sie weiter in die Richtung eines in jeder Hinsicht selbstbestimmten Lebens. Man kann sich nämlich, so sagt man in Shaolin, zu seinem Glück durchaus selbst den Weg ebnen. Dabei wünsche ich Ihnen alle Ruhe, alle Gelassenheit und alles Glück dieser Welt.

Ihr Bernhard Moestl
Shaolin, China, und Braşov, Rumänien, im August 2017

Danksagung

Wem ich danke sagen möchte

Im Oktober 2016 war es zwanzig Jahre her, dass ich das erste Mal in Shaolin war. Daher habe ich im Zuge meiner Asien-Reise 2016 auch einen Halt im Kloster gemacht. Als ich am Ankunftstag spätabends vor den Toren des Tempels stand, ist mir wieder einmal bewusst geworden, wie nachhaltig die Zeit bei den Mönchen mein Leben geprägt hat. Gleichzeitig habe ich in diesem Moment mit großer Demut verstanden, dass es eines der größten Privilegien in meinem Leben war, von den Allerbesten lernen zu dürfen. Mein erster Dank geht daher an Meister Shi De Cheng und meine anderen Lehrer in Shaolin.

Ich widme dieses Buch in Respekt und Dankbarkeit Irene Nemeth, die mich immer wieder daran erinnert, emotional getroffene Entscheidungen noch einmal in Ruhe zu überdenken.

Da hinter der Entstehung eines Buches viel mehr Menschen stehen, als Platz in einer Danksagung ist, möchte ich mich an dieser Stelle stellvertretend für alle zumindest bei einigen von ihnen namentlich bedanken. Zu meinen großen Lehrern der letzten Jahre gehören der Verleger Hans-Peter Übleis, der mir in liebevoller Ehrlichkeit wohl öfter die Augen geöffnet hat, als ihm selbst bewusst ist; meine Lektorin Caroline Draeger, die mich mit großer Geduld dabei unterstützt, meinen Weg als Autor zu gehen, und der ich Texte in einem Stadium schicken kann, in dem ich sie sonst niemandem zu lesen geben möchte; meine Kollegin Marianne Mohatschek, die mich gelehrt hat, dass die Freude in den vermeintlich unscheinbaren Dingen liegt; und mein langjähriger Mentor, der Reiseleiter Alexander Kriegelstein, der mir vor vielen Jahren einmal gesagt hat, dass ein guter Reiseleiter überall auf der Welt führen können muss.

Viele wunderbare Ideen und Anregungen kamen aus Gesprächen mit Dagmar Cloos, Rainald Edel, Markus Gollner, Albert Klebel, Diana Kottmann, Jana Malin, Heidi Mischinger, meinem Bruder Matthias Möstl, Sonja Müller und Veronika Naskau. Sie alle haben meine Ansichten nicht nur immer wieder kritisch hinterfragt, sondern mich mit Einwänden und Fragen zum Nachdenken gebracht. Mein Dank gilt auch Ioana Mihăiescu, als deren Verdienst ich sehe, dass ich Diskussionen heute auch auf Rumänisch führen kann; meinem nicht nur rotarischen Freund Andreas Schindl, der mir eine völlig neue Welt eröffnet hat, und meinem Senior-Partner Gerhard Conzelmann, mit dem ich die Faszination für das Thema »Bewusstsein« und die Liebe zu Shaolin teile.

Keines meiner Bücher gäbe es wahrscheinlich ohne den chinesischen Kulturmanager Jian Wang, der mich einmal als »Europäer mit asiatischem Geist« bezeichnet und mir den ersten Aufenthalt im Shaolin-Kloster ermöglicht hat, sowie den Wiener Veranstaltungsmanager Herbert Fechter, der die Shaolin-Mönche und damit das Interesse an der asiatischen Denkweise nach Europa gebracht hat. Danke sagen möchte ich auch meiner ersten Lektorin

Bettina Huber, die mit mir vier tolle Bücher gemacht hat. Ich danke meinen Eltern Christa und Wolfgang Möstl, die mir bereits vor dreißig Jahren ermöglicht haben, die Welt mit eigenen Augen zu sehen.

Weiter bedanken möchte ich mich bei Veronika Preisler für die liebevolle Gestaltung auch dieses Buches, beim Team des Knaur-Verlags für die tolle Hintergrundarbeit sowie bei allen Buchhändlern und Buchhändlerinnen für die oft ausnehmend schöne Präsentation meiner Bücher.

Keine Danksagung wäre vollständig ohne persönlichen Dank an meine 2012 verstorbene Großmutter Erika Möstl, die mich gelehrt hat, worauf es im Leben wirklich ankommt.

So bleibt mir zum Schluss, mich bei Ihnen, liebe Leserinnen und Leser, zu bedanken. Es ist mir immer wieder eine große Freude, für Sie zu schreiben!

Allen, die mein Leben jeden Tag zu dem machen, was es ist, möchte ich ein ganz herzliches Danke sagen. Es ist schön, dass es euch gibt.